LA STRUCTURE DE Clicmaths

2e cycle
du primaire

Ce manuel de l'élève contient les étapes 7 et 8.

On y trouve les éléments suivants :

• des situations d'apprentissage ;

• un Labo du hasard ;

• des situations de réinvestissement des connaissances
à la fin de l'étape 8.

Le manuel se termine avec la rubrique Le savais-tu ?

LES SITUATIONS D'APPRENTISSAGE

Chaque situation d'apprentissage est répartie sur 10 pages
et dure environ 7 périodes de mathématique.

1er temps : la préparation des apprentissages

L'élève se trouve tout de suite en situation de résolution de problème. Le premier temps
de la résolution du problème en est un de préparation. L'élève fait un retour sur
ses acquis et essaie de trouver des stratégies de résolution. Il ou elle se questionne
sur les nouvelles notions à explorer. L'élève fait aussi des liens avec les domaines
de formation.

2e temps : la réalisation des apprentissages

La situation-problème

Le deuxième temps consiste pour l'élève à résoudre le problème qui
lui est présenté. L'enseignante ou l'enseignant dispose d'une série de
questions pouvant guider l'élève dans sa recherche de la solution.

Les activités

Généralement au nombre de trois, ces activités favorisent
le développement de concepts liés à la résolution de la situation-
problème. La manipulation et le travail d'équipe y sont habituellement
encouragés. La rubrique Je m'exerce qui suit chaque activité permet
à l'élève d'appliquer immédiatement les nouveaux concepts ou
processus mathématiques à acquérir.

Je m'entraîne

De nombreux exercices d'entraînement soutiennent l'élève dans
le développement de ses raisonnements mathématiques. Certains exercices
et problèmes sont essentiels, d'autres sont proposés en consolidation.
De plus, des fiches reproductibles pour le soutien, la consolidation et
l'enrichissement sont offertes dans le Guide d'enseignement.

Essentiel **En consolidation**

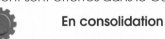

3ᵉ temps: l'intégration et le réinvestissement des apprentissages

Je suis capable

L'élève résout un autre problème, en appliquant à la situation
proposée les concepts mathématiques étudiés.

Clic

Cette rubrique résume le contenu mathématique ou définit
le vocabulaire utilisé dans la situation.

Dans ma vie

En observant une illustration, l'élève s'interroge sur la façon dont
il ou elle réinvestit, dans la vie de tous les jours, les compétences
développées. La rubrique favorise les échanges d'opinions entre pairs
de même qu'entre les élèves et l'enseignante ou l'enseignant.

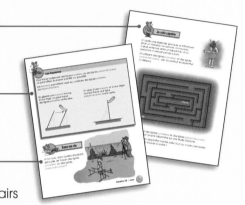

LE LABO DU HASARD (ÉTAPE 7)

Réparti sur six pages et environ trois périodes de mathématique,
Le labo du hasard de l'étape 7 amène l'élève à expérimenter
des activités liées au hasard et à développer son sens critique
vis-à-vis du jeu.

L'ÉTAPE 8

Les situations 26 à 29 de l'étape 8 présentent une structure différente. Elles sont constituées
de situations-problèmes variées qui amèneront l'élève à réinvestir des connaissances acquises
tout le long de l'année scolaire.

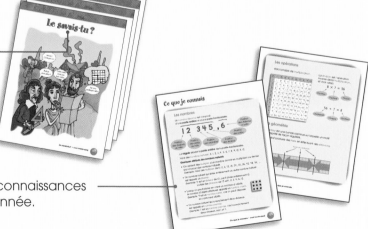

LE SAVAIS-TU ?

L'élève prend connaissance d'un peu
d'histoire ou d'aspects étonnants de
la mathématique.

CE QUE JE CONNAIS

L'élève peut se référer à ce résumé des connaissances
mathématiques acquises au cours de l'année.

MANUEL DE L'ÉLÈVE **4**
VOLUME B

2e cycle
du primaire

Clicmaths

MATHÉMATIQUES AU PRIMAIRE

Sylvio Guay
Steeve Lemay

Éditions Grand Duc ▪ HRW
Groupe Éducalivres inc.
955, rue Bergar, Laval (Québec) H7L 4Z6
Téléphone : (514) 334-8466 ▪ Télécopie : (514) 334-8387
InfoService : 1 800 567-3671

Depuis le 1er avril 2004, les Éditions HRW affichent
une nouvelle raison sociale, soit Éditions Grand Duc ▪ HRW.

Remerciements

Pour son travail de vérification scientifique de la didactique et du contenu mathématique, l'Éditeur témoigne sa gratitude à M. Jean-Marie Labrie, Ph. D., ex-professeur à la Faculté d'éducation de l'Université de Sherbrooke.

Pour sa participation et son soutien de tous les instants, l'Éditeur tient à remercier M. Pierre Mathieu, conseiller pédagogique en mathématiques.

Pour leurs suggestions et leurs judicieux commentaires à l'une ou l'autre des étapes du projet, l'Éditeur tient à remercier : Mme Denise Charest, enseignante, École Saint-Léon-de-Westmount, C. s. de Montréal, Mme Danielle Girard, conseillère pédagogique, C. s. de la Pointe-de-l'Île et M. Marcel Robillard, enseignant, École La Perdriolle, C. s. des Trois-Lacs, et chargé de cours en mesure et évaluation à l'Université du Québec à Montréal.

L'Éditeur tient aussi à souligner la participation des personnes suivantes :

Mme Nathalie Barette, enseignante,
École Le Petit Prince, C. s. des Draveurs ;
Mme Catherine Bégin, enseignante,
École Marguerite-Bourgeoys,
C. s. de la Capitale ;
Mme Julie Bertrand, enseignante,
École Laurendeau-Dunton,
C. s. Marguerite-Bourgeoys ;
Mme Lyne Bouchard, enseignante,
École Sainte-Thérèse,
C. s. des Rives-du-Saguenay ;
Mme Julie Charland, enseignante,
École Harfang-des-Neiges,
C. s. Marguerite-Bourgeoys ;
Mme Maryse Croteau, enseignante,
École L'Oiseau-Bleu, C. s. des Draveurs ;
Mme Christiane Cyr, enseignante,
Nouvelle école de Sainte-Rose,
C. s. de Laval ;

Mme Maryse Delisle, enseignante,
École Horizon-du-Lac,
C. s. de la Seigneurie-des-Mille-Îles ;
Mme Sylvie Desautels, enseignante,
Collège Saint-Patrice, C. s. des Sommets ;
Mme Anick Dumais, enseignante,
École Saint-Louis, C. s. des Affluents ;
Mme Annie Du Perron, enseignante,
École Le Sentier, C. s. de Laval ;
Mme Claudette Hanna, enseignante,
École de la Chanterelle,
C. s. des Navigateurs ;
Mme Angéline Hébert, enseignante,
École Saint-Louis-de-France,
C. s. des Navigateurs ;
Mme Suzie Lebrun, enseignante,
École du Boisjoli,
C. s. de la Région-de-Sherbrooke ;
Mme Isabelle Leduc, enseignante,
C. s. de la Seigneurie-des-Mille-Îles ;

Mme France Létourneau, enseignante,
École de la Passerelle,
C. s. des Premières-Seigneuries ;
Mme Marlyne Lyons, enseignante,
École La Sablonnière, C. s. des Draveurs ;
Mme Danielle Martel, enseignante,
École des Hauts-Clochers,
C. s. des Découvreurs ;
Mme Danielle Maurais, enseignante,
École intégrée du Tandem,
C. s. du Chemin-du-Roy ;
M. Réal Mercier, enseignant,
École de la Farandole,
C. s. des Premières-Seigneuries ;
M. Luc Michaud, enseignant,
École Eymard,
C. s. de la Région-de-Sherbrooke ;
Mme Mélanie Michel, enseignante,
École Père-Vimont, C. s. de Laval ;

Mme Hélène Mondou, enseignante,
École Saint-Malo, C. s. de la Capitale ;
Mme Sylvie Olivier, enseignante,
École de la Chanterelle,
C. s. des Navigateurs ;
M. Germain Paquet, enseignant,
École de l'Apprenti-Sage, C. s. de la Capitale ;
Mme Christine Robin, enseignante,
École Demers, C. s. de Laval ;
Mme Maryse Rochon, enseignante,
École Demers, C. s. de Laval ;
Mme Liette Roy, enseignante,
École de la Source, C. s. des Affluents ;
Mme Sophie Thérien, enseignante,
École Maisonneuve, C. s. de Montréal ;
Mme Julie Tremblay, enseignante,
École De la Pulperie,
C. s. des Rives-du-Saguenay.

MANUEL DE L'ÉLÈVE 4
VOLUME B

Clicmaths

2e cycle
du primaire

© 2002, **Éditions Grand Duc ■ HRW**, une division du Groupe Éducalivres inc.
Tous droits réservés

ILLUSTRATIONS : Robert Monté, Jean Morin, Jean-François Vachon, Stéphane Vallière

Nous reconnaissons l'aide financière du gouvernement du Canada par l'entremise du Programme d'aide au développement de l'industrie de l'édition (PADIÉ) pour nos activités d'édition.

CODE PRODUIT 3083
ISBN 0-03-928512-X

Dépôt légal — 4e trimestre
Bibliothèque nationale du Québec, 2002
Bibliothèque nationale du Canada, 2002

Imprimé au Canada

3 4 5 6 7 8 9 0 F 10 9 8 7 6 5 4

TABLE DES MATIÈRES

Les pictogrammes de Clicmaths

 Je relève un défi.

 Je travaille sur la feuille que mon enseignant ou enseignante me remet.

 J'effectue une estimation.

 J'utilise ma calculatrice.

 Je travaille à l'ordinateur.

Étape 7

Artistes sur toute la ligne

Situation-problème **Sur les traces de Diana Ong**

Dans ses peintures, Diana Ong utilise souvent des formes géométriques, des lignes parallèles et des lignes perpendiculaires.

Diana Ong (États-Unis, 1940-), *BLK–Square*, 2000
© Diana Ong.

Superstock

En t'inspirant du style de Diana Ong, réalise
une œuvre composée seulement de rectangles.

N'oublie pas de colorier et de signer ton œuvre !

Sur les traces de Kandinsky

Wassily Kandinsky utilisait, lui aussi, beaucoup de formes géométriques, de lignes parallèles et de lignes perpendiculaires dans ses œuvres.

Wassily Kandinsky (Russie, 1866-1944), *Jaune-Rouge-Bleu*,
1925 © Musée national d'art moderne, Centre Georges Pompidou, Paris.

Superstock

En t'inspirant du style de Kandinsky, réalise une œuvre composée de figures géométriques, de lignes parallèles et de lignes perpendiculaires.

N'oublie pas de colorier et de signer ton œuvre !

Activité 1 • Un angle droit sur mesure

Les angles droits sont très utiles, en particulier lorsqu'on fait des travaux de construction. Les outils dont nous disposons aujourd'hui pour construire ces angles n'ont pas toujours existé.

Autrefois, on utilisait les trois objets représentés ci-dessous.

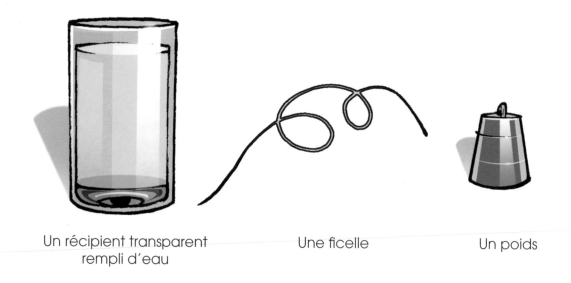

Un récipient transparent rempli d'eau   Une ficelle   Un poids

À ton avis, de quelle manière faut-il utiliser ces objets pour s'assurer d'obtenir un angle droit ?

Je m'exerce

1. Dans la classe, cherche trois objets qui peuvent te servir à tracer un angle droit.

2. En utilisant deux règles, comment pourrais-tu tracer un angle droit ?

Activité 2 • L'équerre de Mao

À l'aide de deux règles, Mao a formé une équerre
pour tracer un angle droit.

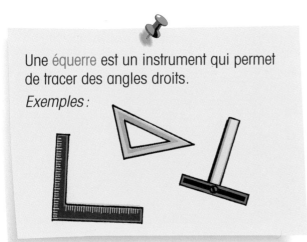

Une équerre est un instrument qui permet
de tracer des angles droits.

Exemples :

a) En utilisant la méthode de Mao,
trace à ton tour un angle droit.

b) En déplaçant une seule des deux règles,
trace plusieurs segments parallèles.
Explique comment tu as procédé.

Je m'exerce

Sur une feuille blanche, reproduis chacun des segments ci-dessous.

A   B   C

a) Trace deux segments perpendiculaires à chacun des segments **A, B** et **C.**

b) Que peux-tu dire des deux segments que tu as tracés
dans chacun des cas?

Activité 3 • Les figures dans les plis

En pliant des feuilles ou un carton, des artistes parviennent à créer de très belles œuvres. Au Japon, en particulier, l'art du pliage est très apprécié. Cet art s'appelle *origami*.

Au centre d'une feuille de papier carré, Lise a formé un rectangle. Elle a plié la feuille en suivant les pointillés. Chaque côté du rectangle correspond à un pli.

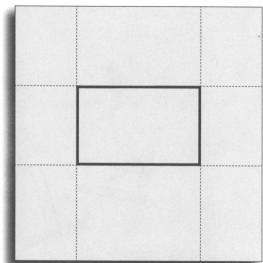

a) En pliant une feuille de papier carré, forme

1) un rectangle. As-tu procédé de la même façon que Lise ?

2) un triangle qui a un angle droit. Explique comment tu as procédé.

b) En pliant une feuille de papier carré, forme

1) un trapèze ; **2)** un carré ; **3)** un parallélogramme.

Je m'exerce

1. Sur une feuille de papier pointillé, trace

a) un rectangle ;

b) un triangle ayant un angle droit ;

c) un trapèze ;

d) un carré ;

e) un parallélogramme.

2. En te servant d'une équerre et d'une règle, sur une feuille blanche, trace

a) un rectangle ;

b) un triangle ayant un angle droit ;

c) un trapèze ;

d) un carré ;

e) un parallélogramme.

 À l'aide d'un élastique, Adèle a formé les polygones ci-dessous sur une planche à clous.

A 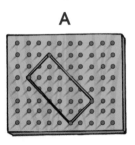 **B** 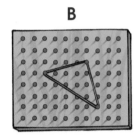 **C** 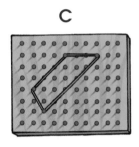 **D**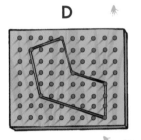

a) À l'aide d'une équerre et d'une règle, reproduis chacun de ces polygones sur du papier pointillé.

b) Comment s'appelle chacun de ces polygones?

c) Sur les polygones que tu as tracés, indique

    1) les côtés parallèles entre eux à l'aide de traits bleus;

    2) les côtés perpendiculaires entre eux à l'aide de traits rouges.

2 À l'aide d'une équerre et d'une règle, trace sur une feuille blanche

a) un triangle qui a deux côtés perpendiculaires;

b) un quadrilatère qui a deux côtés parallèles;

c) un pentagone qui a deux côtés parallèles et deux côtés perpendiculaires;

d) un hexagone qui a deux côtés parallèles et deux angles droits.

3 À Montréal, il y a de nombreuses rues parallèles et de nombreuses rues perpendiculaires.

À l'aide d'une équerre et d'une règle, dessine la vue aérienne d'un quartier où l'on voit des rues parallèles et des rues perpendiculaires.

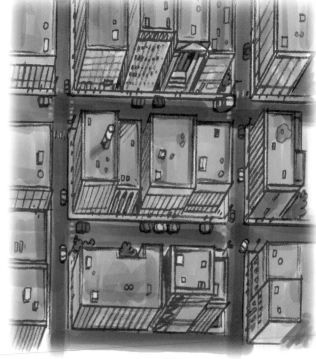

4 Pour mesurer la surface d'une figure plane, on peut utiliser un quadrillage. Voici trois figures planes.

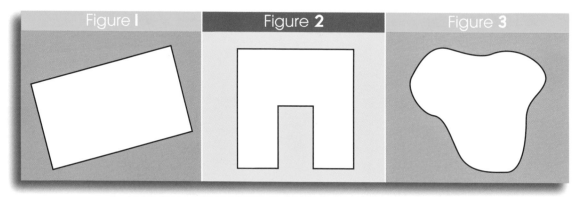

Figure 1 | Figure 2 | Figure 3

a) À l'aide d'une équerre et d'une règle, trace un quadrillage sur une feuille de papier calque.

b) En utilisant ce quadrillage, détermine le plus précisément possible l'aire de chacune des figures.

c) Compare tes résultats avec ceux de tes camarades. Avez-vous utilisé le même quadrillage ? Que remarques-tu ?

À l'aide d'une règle et d'une équerre, reproduis chacune des lignes ci-dessous. Complète-les afin d'obtenir

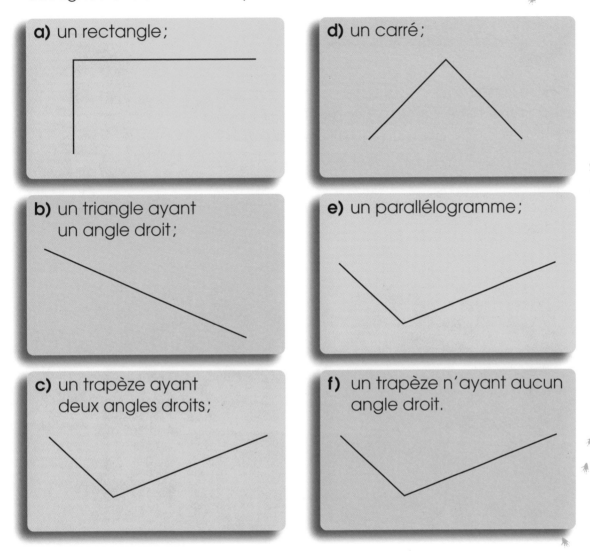

a) un rectangle;

d) un carré;

b) un triangle ayant un angle droit;

e) un parallélogramme;

c) un trapèze ayant deux angles droits;

f) un trapèze n'ayant aucun angle droit.

6 Afin de décorer ta chambre, construis une frise en suivant les étapes ci-dessous.

- Avec une règle et une équerre, construis une bande rectangulaire composée de huit carrés identiques disposés l'un à la suite de l'autre.

- Fais un dessin dans le premier carré.

- Remplis les autres carrés de manière à former une frise.

- Colorie la frise.

Je suis capable

D'après une légende grecque, le Minotaure était un monstre mi-homme, mi-taureau. Il était enfermé dans un labyrinthe, d'où personne n'arrivait jamais à sortir.

En utilisant des lignes parallèles et des lignes perpendiculaires, Jan a construit le labyrinthe ci-dessous.

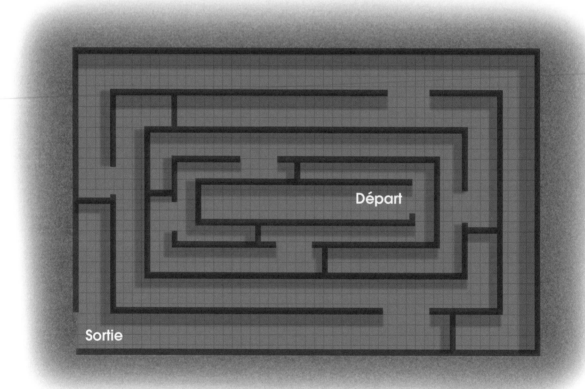

a) En utilisant des lignes parallèles et des lignes perpendiculaires, construis ton propre labyrinthe sur une feuille blanche.

b) Échange ton labyrinthe contre celui d'un ou d'une camarade. Parviens-tu à trouver la sortie ?

Clic

Les équerres

Pour tracer facilement des lignes parallèles ou des lignes perpendiculaires, on peut utiliser du papier pointillé ou quadrillé.

Les équerres permettent aussi de construire des lignes parallèles ou perpendiculaires.

En glissant une équerre le long d'une règle, on peut tracer des lignes parallèles entre elles.

À l'aide d'une équerre et d'une règle, on peut tracer une ligne perpendiculaire à une autre.

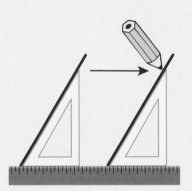

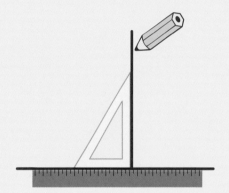

Dans ma vie

À ton avis, dans quelles situations est-il utile de tracer des lignes parallèles ou des lignes perpendiculaires ?

Quand la santé va, tout va

Situation-problème   **Le huitième jour**

Jean-François doit se rendre à l'hôpital tous les huit jours pour y recevoir un traitement. Ses traitements débutent le huitième jour de l'année 2003.

a) Le 120ᵉ jour de l'année, combien de traitements aura-t-il reçus au total? Explique ta réponse.

b) Recevra-t-il un traitement le 296ᵉ jour de l'année? Explique ta réponse.

c) À la fin de l'année, combien de traitements aura-t-il reçus? Explique ta réponse.

d) Quel jour son dernier traitement de l'année aura-t-il lieu? Explique ta réponse.

2003

Janvier

Dimanche	Lundi	Mardi	Mercredi	Jeudi	Vendredi	Samedi
			1	2	3	4
5	6	7	8	9	10	11
12	13	14	15	16	17	18
19	20	21	22	23	24	25
26	27	28	29	30	31	

Février

Dimanche	Lundi	Mardi	Mercredi	Jeudi	Vendredi	Samedi
						1
2	3	4	5	6	7	8
9	10	11	12	13	14	15
16	17	18	19	20	21	22
23	24	25	26	27	28	

Mars

Dimanche	Lundi	Mardi	Mercredi	Jeudi	Vendredi	Samedi
						1
2	3	4	5	6	7	8
9	10	11	12	13	14	15
16	17	18	19	20	21	22
23/30	24/31	25	26	27	28	29

Avril

Dimanche	Lundi	Mardi	Mercredi	Jeudi	Vendredi	Samedi
		1	2	3	4	5
6	7	8	9	10	11	12
13	14	15	16	17	18	19
20	21	22	23	24	25	26
27	28	29	30			

Mai

Dimanche	Lundi	Mardi	Mercredi	Jeudi	Vendredi	Samedi
				1	2	3
4	5	6	7	8	9	10
11	12	13	14	15	16	17
18	19	20	21	22	23	24
25	26	27	28	29	30	31

Juin

Dimanche	Lundi	Mardi	Mercredi	Jeudi	Vendredi	Samedi
1	2	3	4	5	6	7
8	9	10	11	12	13	14
15	16	17	18	19	20	21
22	23	24	25	26	27	28
29	30					

Juillet

Dimanche	Lundi	Mardi	Mercredi	Jeudi	Vendredi	Samedi
		1	2	3	4	5
6	7	8	9	10	11	12
13	14	15	16	17	18	19
20	21	22	23	24	25	26
27	28	29	30	31		

Août

Dimanche	Lundi	Mardi	Mercredi	Jeudi	Vendredi	Samedi
					1	2
3	4	5	6	7	8	9
10	11	12	13	14	15	16
17	18	19	20	21	22	23
24/31	25	26	27	28	29	30

Septembre

Dimanche	Lundi	Mardi	Mercredi	Jeudi	Vendredi	Samedi
	1	2	3	4	5	6
7	8	9	10	11	12	13
14	15	16	17	18	19	20
21	22	23	24	25	26	27
28	29	30				

Octobre

Dimanche	Lundi	Mardi	Mercredi	Jeudi	Vendredi	Samedi
			1	2	3	4
5	6	7	8	9	10	11
12	13	14	15	16	17	18
19	20	21	22	23	24	25
26	27	28	29	30	31	

Novembre

Dimanche	Lundi	Mardi	Mercredi	Jeudi	Vendredi	Samedi
						1
2	3	4	5	6	7	8
9	10	11	12	13	14	15
16	17	18	19	20	21	22
23/30	24	25	26	27	28	29

Décembre

Dimanche	Lundi	Mardi	Mercredi	Jeudi	Vendredi	Samedi
	1	2	3	4	5	6
7	8	9	10	11	12	13
14	15	16	17	18	19	20
21	22	23	24	25	26	27
28	29	30	31			

Activité 1 • Une équipe en santé

Christiane entraîne une équipe de volley-ball. Elle a partagé également des barres nutritives entre les sept élèves de l'équipe.

a) Si elle distribue 84 barres nutritives, chaque élève en recevra-t-il ou elle au moins 10 ? Explique ta réponse.

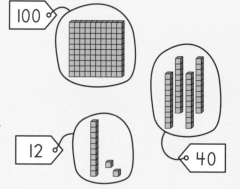

Utilise du matériel pour représenter chaque barre nutritive.

  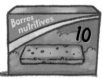  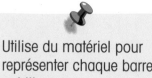

b) Si elle distribue plutôt 182 barres nutritives, chaque élève en recevra-t-il ou elle au moins 30 ?

c) Pour chacune des situations présentées en **a)** et en **b),** combien de barres nutritives chaque élève recevra-t-il ou elle ? Explique ta réponse.

Je m'exerce

1. Clémence a séparé 152 cubes en 3 groupes qu'il est facile de diviser par 4.

$$152 = 100 + 40 + 12$$

Procède de la même façon que Clémence avec chacun des nombres suivants.

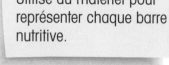

a) 184   **c)** 476   **e)** 792

b) 248   **d)** 368

2. En t'aidant du numéro **1**, effectue chacune des divisions suivantes.

a) 184 ÷ 4   **b)** 248 ÷ 4   **c)** 476 ÷ 4   **d)** 368 ÷ 4   **e)** 792 ÷ 4

Activité 2 • Le grand pique-nique

Maxime aide son enseignante à préparer un grand pique-nique. Celle-ci lui demande de répartir également 72 clémentines dans des boîtes à lunch.

Utilise du matériel pour représenter les clémentines.

a) Combien de boîtes peut-il remplir s'il place

  1) 3 clémentines par boîte ?
     Explique ta réponse.

  2) 4 clémentines par boîte ?
     Explique ta réponse.

Plusieurs classes se regroupent pour préparer le pique-nique. En tout, il y a **252** clémentines à répartir.

b) Combien de boîtes Maxime peut-il remplir s'il place

  1) 6 clémentines par boîte ?
     Explique ta réponse.

  2) 7 clémentines par boîte ?
     Explique ta réponse.

Je m'exerce

1. Avec 318 boîtes de jus de légumes, combien de paquets de 6 boîtes peut-on faire ?

2. Il y a 252 élèves à l'école du Mont-Pelletier. Si l'on forme 9 classes ayant le même nombre d'élèves, combien d'élèves y aura-t-il par classe ?

3. Miguel a parcouru 748 kilomètres en 4 jours. S'il a parcouru le même nombre de kilomètres chaque jour, quelle distance a-t-il parcourue chaque jour ?

Activité 3 • Les berlingots

Une entreprise vend des berlingots de lait dans des boîtes de trois formats différents.

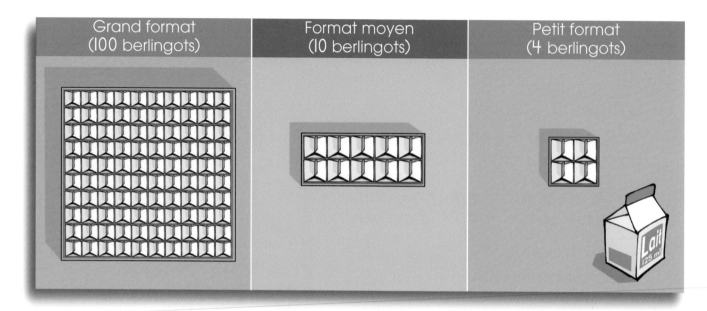

Grand format (100 berlingots)	Format moyen (10 berlingots)	Petit format (4 berlingots)

a) Si l'entreprise produit 835 berlingots, combien peut-on remplir de boîtes de

1) 100 berlingots ?

2) 10 berlingots ?

3) 4 berlingots ?

b) Pour chaque cas présenté en **a),** quelle fraction du format de boîte utilisé le nombre de berlingots restant représente-t-il ?

> Lorsqu'on effectue une division entre deux nombres naturels, il peut y avoir un reste.
>
> Ce reste peut être exprimé sous la forme d'une fraction.

Je m'exerce

1. Avec 145 piles, combien de paquets de 3 piles peut-on former ?
Quelle fraction d'un paquet le nombre de piles restant représente-t-il ?

2. Avec 713 boîtes de jus, combien de paquets de 5 boîtes peut-on former ?
Quelle fraction d'un paquet le nombre de boîtes restant représente-t-il ?

1 Observe comment Anja a effectué la division suivante
à l'aide du matériel multibase.

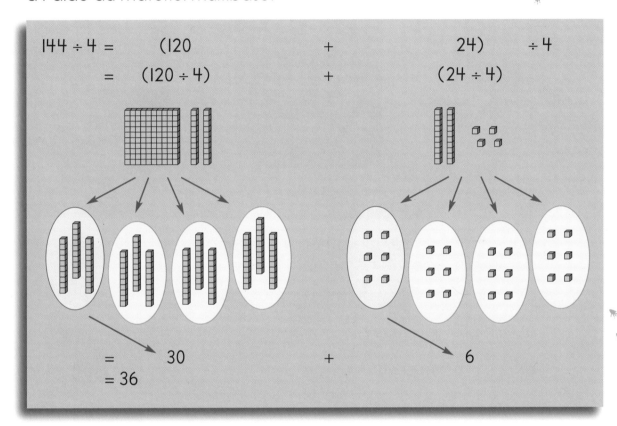

$144 \div 4 =$ (120 $+$ 24) $\div 4$

$= (120 \div 4)$ $+$ $(24 \div 4)$

$=$ 30 $+$ 6

$= 36$

En utilisant du matériel de manipulation,
effectue chacune des divisions suivantes.

a) $600 \div 4$ **c)** $734 \div 2$ **e)** $504 \div 7$

b) $246 \div 3$ **d)** $558 \div 4$ **f)** $752 \div 5$

2 Tous les matins, Vicky fait cinq fois le tour
d'une piste d'entraînement afin de se maintenir
en forme. Elle parcourt en tout 875 mètres.

Quelle est la longueur de la piste?

3 Lucas doit ranger des livres dans les trois bibliothèques ci-dessous.

Bibliothèque **A**	Bibliothèque **B**	Bibliothèque **C**

378 livres	413 livres	285 livres

Dans chacune des bibliothèques, les tablettes doivent avoir le même nombre de livres.

Combien de livres y aura-t-il par tablette dans

a) la bibliothèque **A** ?

b) la bibliothèque **B** ?

c) la bibliothèque **C** ?

4 Ninon a représenté le nombre 672 à l'aide de

A) $672 = 640 + 32$

B) $672 = 600 + 40 + 32$

C) $672 = 600 + 60 + 12$

D) $672 = 560 + 70 + 42$

E) $672 = 600 + 70 + 2$

F) $672 = 600 + 30 + 30 + 12$

On peut diviser le nombre 672 par 2, par 3, par 4, par 6, par 7 et par 8.

Associe une des sommes à chacun des diviseurs ci-dessus afin qu'il soit plus facile de trouver le quotient. Dans tous les cas, trouve le quotient à l'aide de la somme choisie.

5 **a)** La semaine dernière, Maxime a inséré 72 dépliants publicitaires dans des journaux.

   1) Dans combien de journaux y aura-t-il des dépliants publicitaires si Maxime en place 3 par journal ?

   2) Et s'il en place 4 ?

b) Cette semaine, Maxime a inséré 252 dépliants publicitaires dans des journaux.

   1) Dans combien de journaux y aura-t-il des dépliants publicitaires s'il en place 6 par journal ?

   2) Et s'il en place 7 ?

6 Pendant les huit dernières semaines, Philippe a passé 220 heures à regarder la télévision.

Environ combien d'heures par semaine Philippe regarde-t-il la télévision ?

7 La mère de Sandra s'est offert 8 séances de massage. Elle débourse en tout 608 $.

Combien une séance de massage coûte-t-elle ?

8 Dans un stationnement, Marc-André place des publicités sur le pare-brise des automobiles. Il en place une toutes les 9 voitures.

S'il y a 837 voitures dans le stationnement, combien de publicités Marc-André a-t-il placées ?

9 Jeanne a préparé 900 millilitres de jus de fruits pressés. Elle partage le jus également avec 3 camarades.

Combien de millilitres de jus chaque personne aura-t-elle ?

10 Pour préparer une journée de plein air, Joël a relevé le prix des aliments contenus dans un lunch.

Un sachet de crudités	0,50 $
Une barre nutritive	1,00 $
Un yogourt	1,00 $
Un sandwich aux œufs	2,00 $
Un jus de légumes	1,00 $
Un fruit	0,50 $

Si le budget prévu pour les lunchs est de 275 $, combien de lunchs peut-on acheter?

Je suis capable

Laure et Maxime préparent des affiches pour annoncer la conférence «Tous et toutes en santé».

Il y a deux modèles d'affiches. La grande affiche est quatre fois plus grande que la petite.

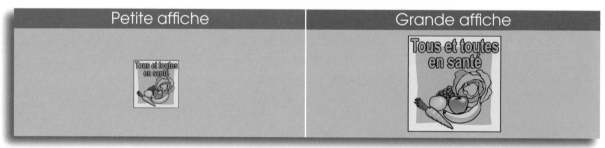

Petite affiche	Grande affiche

Laure et Maxime décident d'encadrer les affiches avec des bâtonnets phosphorescents. Avec quatre bâtonnets, on peut encadrer une petite affiche.

a) Combien de bâtonnets faut-il pour encadrer une grande affiche?

b) Avec 384 bâtonnets, combien peut-on encadrer

  1) de petites affiches? Explique ta réponse.

  2) de grandes affiches? Explique ta réponse.

Clic

Diviser un nombre de trois chiffres par un nombre de un chiffre

Pour effectuer une division, on peut **décomposer** le dividende à l'aide de l'addition pour faciliter ensuite le calcul du quotient.

Exemple :

$156 \div 4 = (100$ $+$ 40 $+$ $16) \div 4$

$= (100 \div 4)$ $+$ $(40 \div 4)$ $+$ $(16 \div 4)$

$=$ 25 $+$ 10 $+$ 4

$=$ 39

Lorsqu'on effectue une division entre deux nombres naturels, il peut y avoir un reste. Ce reste peut être exprimé sous la forme d'une fraction.

Exemple : Si je répartis 121 œufs dans des contenants

de 6, je remplirai 20 contenants et $\frac{1}{6}$.

Dans ma vie

Lorsqu'on partage de l'argent équitablement entre plusieurs personnes, on fait une division.

Et toi, dans quelles situations effectues-tu des divisions ?

Situation-problème **Le nombre élastique**

Nombre de joueurs et de joueuses

Deux.

Marche à suivre

- On joue avec un nombre décomposé en une multiplication de deux facteurs.

- À tour de rôle, on crée une décomposition équivalente à la précédente, mais ayant **un facteur de plus.**

- Lorsqu'il n'est plus possible de trouver une nouvelle expression, on crée à tour de rôle une expression équivalente à la précédente, mais ayant **un facteur de moins.**

- Le jeu s'arrête quand on est revenu au nombre de départ.

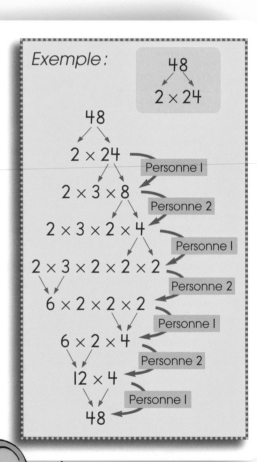

Exemple :

$$48$$
$$2 \times 24$$

$$48$$
$$2 \times 24 \quad \text{Personne 1}$$
$$2 \times 3 \times 8 \quad \text{Personne 2}$$
$$2 \times 3 \times 2 \times 4 \quad \text{Personne 1}$$
$$2 \times 3 \times 2 \times 2 \times 2 \quad \text{Personne 2}$$
$$6 \times 2 \times 2 \times 2 \quad \text{Personne 1}$$
$$6 \times 2 \times 4 \quad \text{Personne 2}$$
$$12 \times 4 \quad \text{Personne 1}$$
$$48$$

Attention !
Toutes les expressions équivalentes doivent être différentes et il est interdit d'utiliser le nombre 1.

a) Avec un ou une camarade, crée un nombre élastique en utilisant la décomposition de facteurs indiquée pour chacun des nombres suivants.

1)

2)

3)

b) Ensemble, comparez vos réponses avec celles des autres équipes. En quoi sont-elles différentes ? En quoi sont-elles semblables ?

c) Dans chacune des réponses, quel attribut tous les nombres de la plus longue décomposition possèdent-ils ?

Activité 1 • Des nombres particuliers

Dans la grille de nombres ci-dessous, certains nombres sont dans une case turquoise.

a) Quel nom leur donne-t-on ?

b) Quels attributs possèdent-ils ?

c) Dans certaines colonnes, il n'y en a **aucun.**
Explique pourquoi.

d) Dans d'autres colonnes, il y en a **un seul.**
Explique pourquoi.

e) Un seul nombre premier est **pair.**

    1) Quel est ce nombre ?

    2) Pourquoi n'y a-t-il pas d'autres nombres premiers pairs ?

1	2	3	4	5	6	7	8	9	10
11	12	13	14	15	16	17	18	19	20
21	22	23	24	25	26	27	28	29	30
31	32	33	34	35	36	37	38	39	40
41	42	43	44	45	46	47	48	49	50
51	52	53	54	55	56	57	58	59	60
61	62	63	64	65	66	67	68	69	70
71	72	73	74	75	76	77	78	79	80
81	82	83	84	85	86	87	88	89	90
91	92	93	94	95	96	97	98	99	100

Je m'exerce

Observe la grille de nombres ci-dessus et réponds aux questions suivantes.

a) Par quels chiffres les différents nombres premiers se terminent-ils ?

b) Parmi les chiffres trouvés en **a)**, lequel est le plus fréquent ?

c) Trouve le premier nombre premier qui suit 97.

Activité 2 • Attention ! Nombres en construction

En multipliant des nombres premiers, on peut «construire» tous les autres nombres naturels (sauf 0 et 1).

Exemples :

$4 = \boxed{2} \times \boxed{2}$

$6 = \boxed{2} \times \boxed{3}$

$8 = \boxed{2} \times \boxed{2} \times \boxed{2}$

$21 = \boxed{3} \times \boxed{7}$

$32 = \boxed{2} \times \boxed{2} \times \boxed{2} \times \boxed{2} \times \boxed{2}$

Un nombre naturel supérieur à 1 qui a plus de deux diviseurs est appelé un nombre composé.

0 et 1 sont les deux seuls nombres naturels qui ne sont ni premiers ni composés.

Voici quelques nombres premiers.

2   5   11   17   23
3   7   13   19

Avec ces neuf nombres, on peut «construire» tous les nombres composés inférieurs à 50. Construis tous ces nombres composés en multipliant deux ou plusieurs des neuf nombres premiers ci-dessus.

Je m'exerce

1. Quel est le nombre composé représenté par chacune des expressions suivantes ?

   a) $2 \times 2 \times 3 \times 5$ **b)** $2 \times 3 \times 11$ **c)** 3×17

2. Trouve les multiplications de nombres premiers équivalant aux nombres composés de 50 à 80.

Activité 3 • La généalogie des nombres

Voici les étapes à suivre pour faire l'«arbre généalogique» d'un nombre composé.

- Représente le nombre composé à l'aide d'une multiplication de nombres naturels.

- S'il y a encore des nombres composés parmi eux, représente-les à leur tour sous la forme d'une multiplication de nombres naturels.

- Lorsqu'il ne reste plus que des nombres premiers, tu obtiens la décomposition en facteurs premiers du nombre composé.

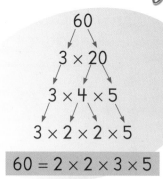

$$60$$
$$3 \times 20$$
$$3 \times 4 \times 5$$
$$3 \times 2 \times 2 \times 5$$
$$60 = 2 \times 2 \times 3 \times 5$$

Décomposer un nombre en facteurs premiers, c'est le représenter sous la forme d'une multiplication de nombres premiers.

Exemple : La décomposition en facteurs premiers de 24 est : $2 \times 2 \times 2 \times 3$.

a) Voici des arbres de facteurs premiers des nombres 36, 80 et 45. Reproduis-les et complète-les.

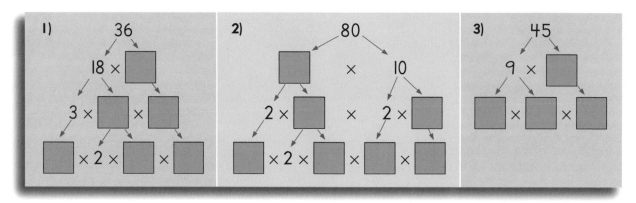

1) 36
$18 \times \square$
$3 \times \square \times \square$
$\square \times 2 \times \square \times \square$

2) 80
$\square \times \square \times 10$
$2 \times \square \times 2 \times \square$
$\square \times 2 \times \square \times \square \times \square$

3) 45
$9 \times \square$
$\square \times \square \times \square$

b) Trouve un arbre de facteurs différent pour chacun des trois nombres ci-dessus. Dans chaque cas, obtiens-tu la même décomposition en facteurs premiers?

Je m'exerce

Trouve la décomposition en facteurs premiers des nombres composés de 81 à 100.

 1 Associe chaque décomposition en facteurs premiers ci-dessous au nombre qu'elle représente.

Nombres	Décompositions en facteurs premiers
52	**A)** $2 \times 2 \times 2 \times 2 \times 5$
60	**B)** $2 \times 2 \times 2 \times 2 \times 3$
80	**C)** $2 \times 2 \times 3 \times 7$
84	**D)** $2 \times 2 \times 2 \times 2 \times 2 \times 3$
48	**E)** $2 \times 2 \times 13$
96	**F)** $2 \times 2 \times 3 \times 5$

2 Trouve chacun des nombres correspondant aux indices ci-dessous.

Nombre A

- Ma décomposition en facteurs premiers comporte cinq termes identiques.
- Je suis un nombre plus petit que 100.

Nombre C

- Ma décomposition en facteurs premiers comporte deux termes.
- Le premier terme est le nombre premier situé juste avant 10.
- Le second terme est le nombre premier situé juste après 10.

Nombre B

- Ma décomposition en facteurs premiers comporte deux termes.
- Le premier terme est le plus petit nombre premier.
- Le second terme est le nombre premier situé entre 35 et 40.

Nombre D

- Ma décomposition en facteurs premiers comporte trois termes.
- Je suis un nombre pair inférieur à 100 et multiple de 9.

3 Observe la liste de nombres carrés ci-dessous.

4 9 16 25 49 64 81

a) Trouve la décomposition en facteurs premiers de chacun de ces nombres.

b) Que remarques-tu dans chacune des décompositions ? Crois-tu que tous les nombres carrés possèdent cette caractéristique ?

c) Trouve la décomposition en facteurs premiers de 36 et de 100. La réponse que tu as donnée en **b)** est-elle bonne ?

4 Voici les arbres de facteurs qu'Anne et Wilfrid ont faits pour le nombre 24.

a) Les deux arbres donnent-ils la même décomposition en facteurs premiers ? Explique ta réponse.

b) Trouve deux arbres de facteurs différents pour chacun des nombres suivants.

1) 18   **2)** 54   **3)** 66

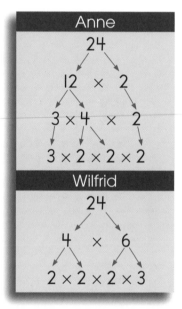

Anne

$$24$$
$$12 \times 2$$
$$3 \times 4 \times 2$$
$$3 \times 2 \times 2 \times 2$$

Wilfrid

$$24$$
$$4 \times 6$$
$$2 \times 2 \times 2 \times 3$$

5 **a)** Classe par ordre croissant les nombres représentés par chacune des décompositions en facteurs premiers suivantes.

A) $2 \times 2 \times 3 \times 5$ **C)** 3×31 **E)** $3 \times 3 \times 3 \times 3$

B) $3 \times 5 \times 5$ **D)** $2 \times 5 \times 7$ **F)** $2 \times 2 \times 2 \times 2 \times 2 \times 2$

b) Louise pense que plus il y a de termes dans une décomposition en facteurs premiers, plus le nombre représenté est grand.

Selon toi, Louise a-t-elle raison ? Explique ta réponse.

6 Victor a représenté plusieurs nombres à l'aide d'une multiplication de facteurs.

A) $2 \times 2 \times 3 \times 3$ **C)** $2 \times 3 \times 9$ **E)** 3×31

B) $2 \times 3 \times 11$ **D)** $1 \times 2 \times 3 \times 5$ **F)** $2 \times 2 \times 21$

a) Quels sont les six nombres représentés ?

b) Parmi ces représentations, lesquelles ne sont pas des décompositions en facteurs premiers ? Explique pourquoi dans chaque cas.

7 À partir de la décomposition en facteurs premiers du nombre 90, Éloïse a trouvé la liste des diviseurs de 90. Voici comment elle a procédé.

$$90 = 2 \times 3 \times 3 \times 5$$

Dans la liste des diviseurs, il y a donc :

{1, 2, 3, 5, 90}.

Avec la décomposition en facteurs premiers, Éloïse forme ensuite des duos :

$\underset{6}{\underline{2 \times 3}}$, $\underset{9}{\underline{3 \times 3}}$, $\underset{10}{\underline{2 \times 5}}$ et $\underset{15}{\underline{3 \times 5}}$.

La liste des diviseurs comprend donc :

{1, 2, 3, 5, 6, 9, 10, 15, 90}.

Finalement, Éloïse forme les trios suivants :

$\underset{18}{\underline{2 \times 3 \times 3}}$, $\underset{30}{\underline{2 \times 3 \times 5}}$ et $\underset{45}{\underline{3 \times 3 \times 5}}$.

Elle obtient cette liste :

{1, 2, 3, 5, 6, 9, 10, 15, 18, 30, 45, 90}.

À ton tour, dresse la liste des diviseurs des nombres suivants à l'aide de leur décomposition en facteurs premiers.

a) 30   **b)** 42   **c)** 60

Je suis capable

Dans le jeu de nombres croisés ci-dessous, il faut placer des nombres premiers dans la grille afin de former des décompositions en facteurs premiers.

 Remplis la grille qu'on te remet avec les décompositions en facteurs premiers des huit nombres composés suivants.

9   30   36   45   52   64   84   94

Clic

Nombres premiers et décomposition en facteurs premiers

Un nombre naturel supérieur à 1 qui a plus de deux diviseurs est appelé un nombre composé.

Un nombre naturel est soit premier, soit composé, à l'exception de 0 et 1, les deux seuls nombres naturels à n'être ni premiers ni composés.

La décomposition en facteurs premiers d'un nombre est la représentation de ce nombre sous la forme d'une multiplication de nombres premiers.

Exemple : La décomposition en facteurs premiers de 24 est : $2 \times 2 \times 2 \times 3$.

On peut trouver la décomposition en facteurs premiers d'un nombre en utilisant un arbre de facteurs.

Exemple :

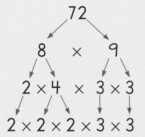

$$72$$
$$8 \quad \times \quad 9$$
$$2 \times 4 \quad \times \quad 3 \times 3$$
$$2 \times 2 \times 2 \times 3 \times 3$$

La décomposition en facteurs premiers de 72 est : $2 \times 2 \times 2 \times 3 \times 3$.

Dans ma vie

Connaître les attributs des nombres peut t'aider à résoudre des problèmes.

Selon toi, mieux connaître les gens te permet-il de mieux les comprendre ?

Situation-problème   Le fouillis de Lulu

Pour aider Lulu à ranger ses cubes, Xavier lui construit
une boîte (sans couvercle) avec du papier cartonné.

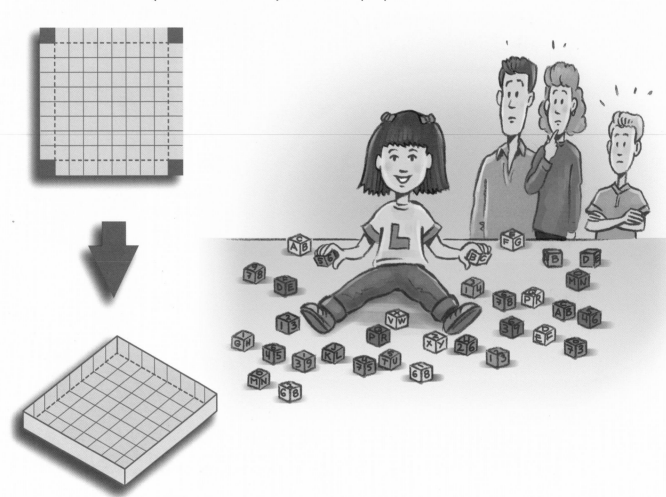

Pour former les parois de la boîte, Xavier découpe les quatre coins
du papier cartonné, puis plie le papier en suivant les pointillés.

En découpant et en pliant le papier cartonné de différentes façons, Xavier s'aperçoit qu'il peut construire des boîtes différentes.

Boîte **1**

Boîte **3**

Boîte **2**

Boîte **4**

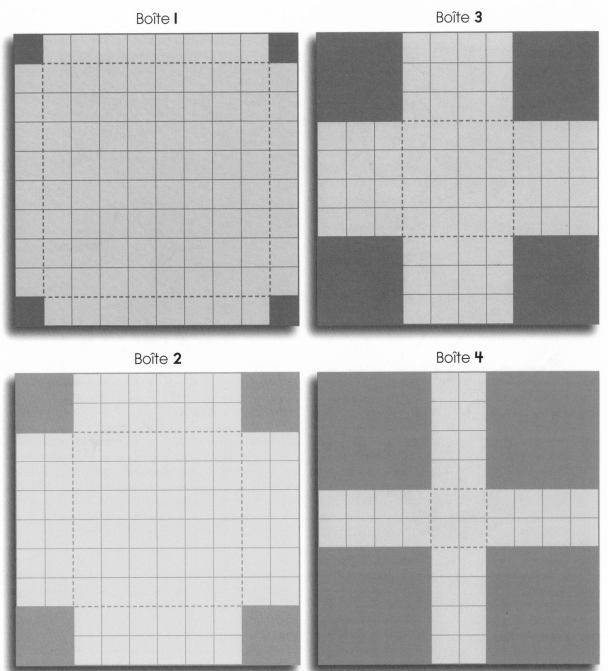

Lorsque ces boîtes seront remplies de cubes, laquelle occupera le plus d'espace ? Explique ta réponse.

Activité 1 • Xavier range sa chambre

 Xavier décide de ranger les objets qui traînent dans sa chambre.

Classe les objets ci-dessus en commençant par celui qui occupe le moins d'espace.

Je m'exerce

1. Nomme deux objets de la classe qui semblent occuper le même espace.

2. Nomme deux objets qui se trouvent dans ta chambre. Lequel semble occuper le plus d'espace?

Activité 2 • Bienvenue à Cubesville

En assemblant des cubes, Xavier a construit un quartier de Cubesville.

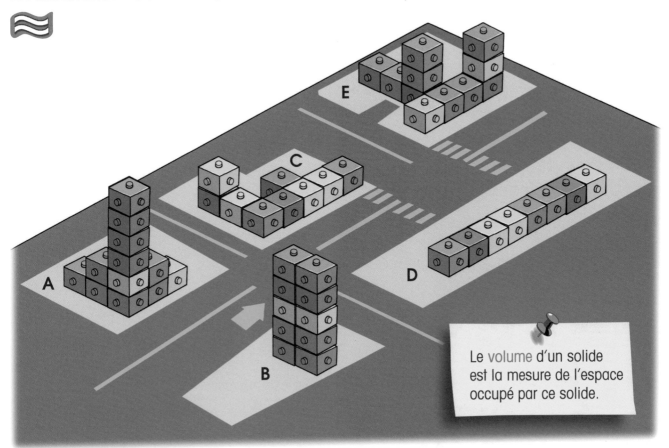

Le volume d'un solide est la mesure de l'espace occupé par ce solide.

a) Au premier coup d'œil, lequel des édifices te semble occuper

   1) le plus d'espace ?   **2)** le moins d'espace ?

b) Observe les édifices plus attentivement. Classe-les selon leur volume en commençant par celui qui occupe le moins d'espace.

Je m'exerce

1. En assemblant des cubes, construis trois édifices différents qui ont le même volume.

2. En assemblant des cubes, construis trois édifices (un petit, un moyen et un grand) qui ont des volumes différents.

Activité 3 • À vos mesures !

Les objets ci-dessous peuvent servir d'unités pour mesurer un espace.

Un cube de sucre

Une boîte à chaussures

Une disquette

Laquelle de ces unités utiliserais-tu pour mesurer et comparer l'espace occupé par les objets ci-dessous?

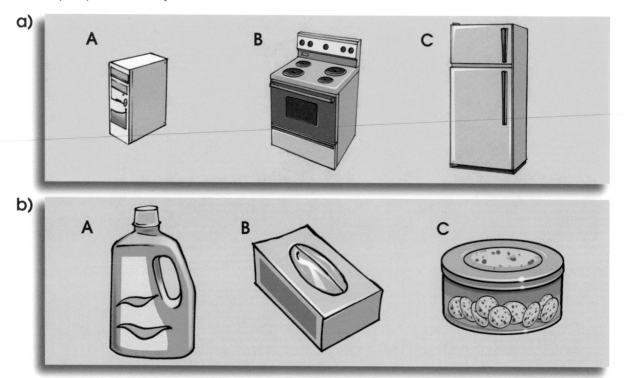

a)

A B C

b)

A B C

Je m'exerce

1. Construis trois solides différents qui ont un volume de cinq .

2. Pour donner à tes parents une idée de la grosseur de ta classe, quel objet utiliserais-tu comme unité de mesure?

 Observe bien l'espace occupé par ta classe.

 Estime combien de boîtes de mouchoirs de papier il faudrait pour remplir toute la classe.

2 Compare une boîte de céréales, une boîte de mouchoirs de papier et une boîte à chaussures. Classe ces boîtes selon leur volume en commençant par celle qui occupe le moins d'espace.

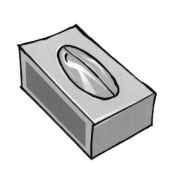

3 Selon toi, combien de cubes de sucre y a-t-il dans le paquet ci-contre?

4 En utilisant le petit cube comme unité de mesure, détermine le volume de chacune des constructions ci-dessous.

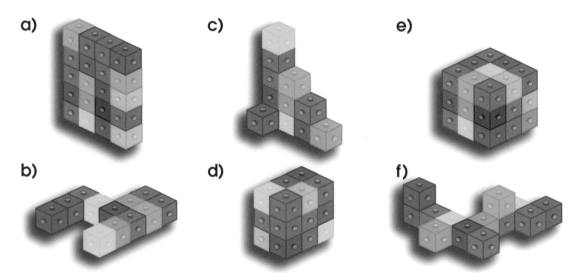

a)

c)

e)

b)

d)

f)

5 Myriam a construit des assemblages de cubes en forme de prismes à base rectangulaire. Malheureusement, son petit frère a brisé ses assemblages. Observe les assemblages ainsi obtenus.

Dans chaque cas, les cubes associés à chacune des dimensions des prismes (longueur, largeur et hauteur) sont restés en place.

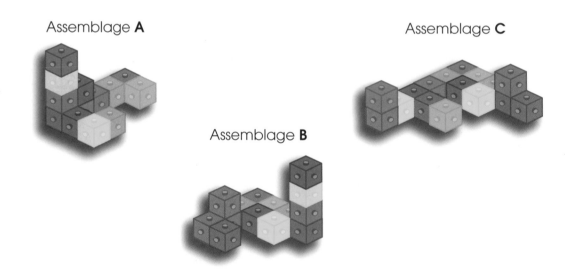

Assemblage **A**

Assemblage **C**

Assemblage **B**

Deux des trois assemblages initiaux avaient le même volume. Lesquels ? Explique ta réponse.

6 En utilisant les réglettes ci-contre, Fabienne s'amuse à faire des constructions.

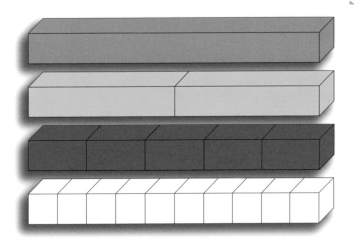

Voici les constructions qu'elle a réalisées.

A

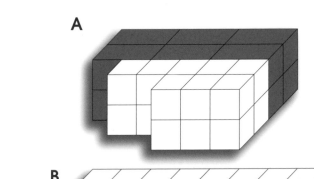

C

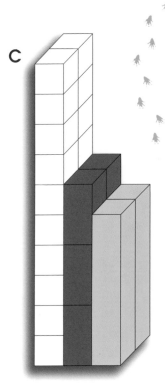

B

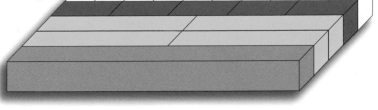

a) Laquelle de ces constructions a

1) le plus grand volume ?   **2)** le plus petit volume ?

b) Détermine le volume de chacune des constructions en utilisant chacune des unités de mesure suivantes.

1)   **2)**    ⭐ **3)**

7 Alice a construit la tour ci-dessous avec de petits cubes.

a) Combien de cubes-unités faut-il pour construire cette tour?

b) Combien de petits carrés peut-on compter sur l'ensemble des faces de la tour?

c) En utilisant le même nombre de cubes-unités que dans la tour d'Alice, construis une tour qui a plus de petits carrés sur l'ensemble de ses faces.

Je suis capable

Anouk veut s'acheter des poissons tropicaux. Le nombre de poissons qu'elle peut acheter dépend de la grosseur de son aquarium.

Pour donner au commerçant une idée de la grosseur de l'aquarium, que lui dirais-tu?

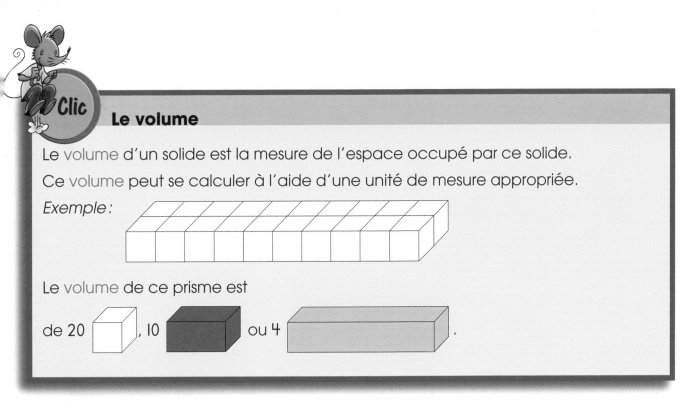

Clic

Le volume

Le volume d'un solide est la mesure de l'espace occupé par ce solide.

Ce volume peut se calculer à l'aide d'une unité de mesure appropriée.

Exemple :

Le volume de ce prisme est

de 20 ⬜ , 10 ⬛ ou 4 ▭ .

Dans ma vie

Savoir mesurer un espace est très pratique lorsqu'on veut déterminer, par exemple, la quantité d'eau que peut contenir un aquarium.

Et toi, quand as-tu besoin de déterminer un volume ?

À la pointe de la technologie

Situation-problème

Un avion en pièces détachées

Les pièces d'un avion doivent être parfaites. Pour les fabriquer, on utilise des outils d'une très grande précision.

Au bout de chacune des grandes ailes d'un petit avion, on doit placer un aileron pour aider à la stabilité de l'appareil. Voici le plan à l'échelle d'un aileron.

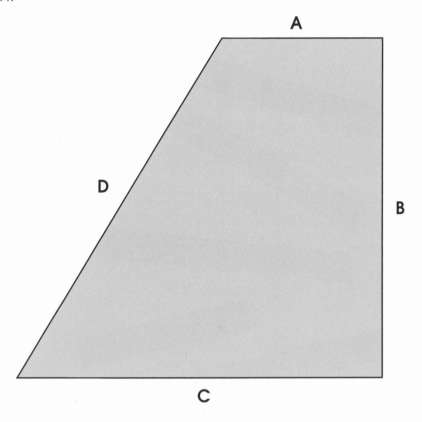

La longueur du côté **C** correspond à un mètre dans la réalité.

Pour effectuer la coupe de cette pièce, on doit connaître la mesure de chacun de ses côtés.

Quelle est la mesure, en mètres, de chacun des côtés de l'aileron ?

Activité 1 • La flûte de Pan de Patricia

La flûte de Pan se compose de petits tubes de longueurs différentes.

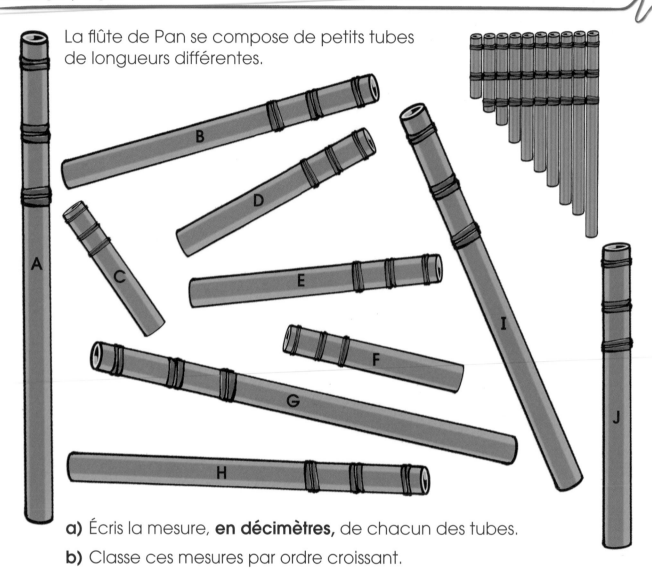

a) Écris la mesure, **en décimètres,** de chacun des tubes.

b) Classe ces mesures par ordre croissant.

Je m'exerce

Les termes des suites de nombres ci-dessous augmentent ou diminuent de un **dixième** d'unité chaque fois. Trouve les termes manquants.

a)	4,3	4,4		4,6	4,7	4,8				5,2	5,3	5,4
b)	17,1			16,8			16,5	16,4	16,3			
c)			0,2	0,3	0,4			0,7	0,8			

Activité 2 • Dans le laboratoire de Léopold

Léopold manipule une balance à quatre plateaux.
Pour atteindre le point d'équilibre, il doit placer
la même masse sur les quatre plateaux.

a) Léopold sépare un cube-unité servant
de poids en 10 parties équivalentes.
À quelle fraction de l'unité chacune
de ces parties correspond-elle?

b) Pour plus de précision, Léopold sépare chacune de ces 10 parties
en 10 autres parties équivalentes.

À quelle fraction de l'unité
chacune de ces nouvelles
parties correspond-elle?

c) Indique, en nombre décimal,
la quantité de cubes que
Léopold doit placer sur
chaque plateau pour
répartir également

1) 76 cubes-unités;

2) 82 cubes-unités;

3) 57 cubes-unités.

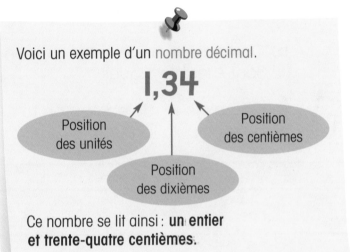

Voici un exemple d'un nombre décimal.

1,34

Position des unités

Position des centièmes

Position des dixièmes

Ce nombre se lit ainsi : **un entier
et trente-quatre centièmes.**

Je m'exerce

1. Écris le nombre décimal qui correspond à chacune des décompositions
suivantes.

a) $(5 \times 100) + (3 \times 1) + \left(4 \times \frac{1}{10}\right) + \left(2 \times \frac{1}{100}\right)$

b) $(1 \times 1000) + (4 \times 10) + \left(5 \times \frac{1}{100}\right)$

2. Décompose chacun des nombres décimaux suivants.

a) 824,75   **b)** 1034,05   **c)** 700,12   **d)** 62,02   **e)** 638,99

Activité 3 • La précision d'un laser

Simone utilise un laser pour couper de petits objets. Elle a réussi à couper un cube de métal précieux afin d'obtenir $\frac{1}{10}$ et $\frac{1}{100}$ du cube-unité.

Une unité 1    Un dixième d'unité $\frac{1}{10}$    Un centième d'unité $\frac{1}{100}$

a) À l'aide du matériel ci-dessus, trouve deux façons différentes de représenter chacun des nombres décimaux suivants.

1) 2,34   **2)** 0,15   **3)** 0,07   **4)** 6,09   **5)** 3,8

b) Compare tes représentations en **a)** avec celles de tes camarades. Sont-elles identiques ?

 c) Complète le tableau qu'on te remet. Au besoin, utilise du matériel de manipulation.

Écriture en lettres	Fractions	Nombres décimaux
1) Il y a ▢ centième d'unité dans un dixième d'unité.	$\frac{▢}{100} = \frac{1}{10}$	▢ = 0,1
2) Il y a 20 centièmes d'unité dans ▢ dixièmes d'unité.	$\frac{20}{100} = \frac{▢}{10}$	0,20 = ▢
3) Il y a ▢ centièmes d'unité dans cinq dixièmes d'unité.	$\frac{▢}{100} = \frac{5}{10}$	▢ = 0,5
4) Il y a 80 centièmes d'unité dans ▢ dixièmes d'unité.	$\frac{80}{100} = \frac{▢}{10}$	0,80 = ▢

Je m'exerce

Dans chacun des cas suivants, écris les nombres par ordre croissant.

a)	3,4	2,41	3,06	3,01	3,5	2,9	3	2,85	3,1	2,75	3,2	3,04
b)	10,3	10,02	10,82	10,8	10,99	10,1	10,73	10	10,49	10,2	10,6	10,5
c)	0,02	0	0,1	0,79	0,4	0,08	0,99	0,57	0,7	0,65	0,01	0,9

À l'aide de nombres décimaux, indique la quantité de cubes-unités () correspondant à chacune des représentations ci-dessous.

Les unités sont en vert, les dixièmes d'unité, en rouge, et les centièmes d'unité, en jaune.

a)

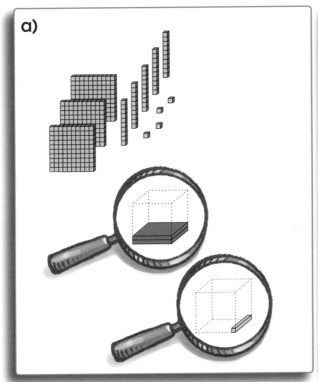

b)

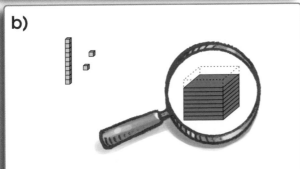

c)

d)

2 Écris les nombres suivants en notation décimale.

Écriture en lettres	Notation décimale
Trois mille cinq cent vingt-quatre et quatre-vingt-treize centièmes	
Mille huit et trente-deux centièmes	
Quatre cent neuf et cinq dixièmes	
Soixante-douze et cinquante centièmes	
Dix et un centième	
Quatre et neuf centièmes	
Soixante et cinq dixièmes	
Trente et six centièmes	
Trente-six centièmes	
Cinquante et un centième	

3 Remplis le tableau qu'on te remet en écrivant un nombre décimal ou en le représentant par des pièces et des billets. Représente seulement des billets de 100 $ ou de 10 $ et des pièces de 1 $, de 10 ¢ ou de 1 ¢.

Contenu du tiroir-caisse	Notation décimale
	207,50 $
	173,80 $
	310,05 $

4 Dans chacun des cas ci-dessous,

a) écris la somme d'argent en notation décimale;

b) trouve deux autres arrangements de billets et de pièces représentant la même somme. Utilise seulement des billets de 100 $ et de 10 $, et des pièces de 1 $, de 10 ¢ et de 1 ¢.

Sommes d'argent	Notation décimale
$(2 \times 100) + (0 \times 10) + (12 \times 1) + (1 \times 0{,}10) + (18 \times 0{,}01)$ $(\square \times 100) + (\square \times 10) + (\square \times 1) + (\square \times 0{,}10) + (\square \times 0{,}01)$ $(\square \times 100) + (\square \times 10) + (\square \times 1) + (\square \times 0{,}10) + (\square \times 0{,}01)$	
$(0 \times 100) + (15 \times 10) + (9 \times 1) + (9 \times 0{,}10) + (10 \times 0{,}01)$ $(\square \times 100) + (\square \times 10) + (\square \times 1) + (\square \times 0{,}10) + (\square \times 0{,}01)$ $(\square \times 100) + (\square \times 10) + (\square \times 1) + (\square \times 0{,}10) + (\square \times 0{,}01)$	
$(6 \times 100) + (3 \times 10) + (120 \times 1) + (30 \times 0{,}10) + (0 \times 0{,}01)$ $(\square \times 100) + (\square \times 10) + (\square \times 1) + (\square \times 0{,}10) + (\square \times 0{,}01)$ $(\square \times 100) + (\square \times 10) + (\square \times 1) + (\square \times 0{,}10) + (\square \times 0{,}01)$	

5 Henri est biologiste. Il étudie les serpents. Il a réussi à prendre la mesure en mètres de certains spécimens. Classe ces mesures dans l'ordre décroissant.

1,03	1,2	1,4	1,11	1,32	0,9
0,87	1,37	1	1,21	1,5	0,97
1,08	1,1	0,93	1,3	1,45	1,51

6 Remplis le tableau qu'on te remet en y indiquant

a) la notation décimale correspondant à chaque nombre représenté par une décomposition;

b) deux décompositions différentes correspondant à chaque nombre représenté par une notation décimale.

Décomposition du nombre	Notation décimale
$(5 \times 1000) + (4 \times 100) + (7 \times 10) + (8 \times 1) + \left(2 \times \dfrac{1}{10}\right) + \left(3 \times \dfrac{1}{100}\right)$	
	12 430,17
$(2 \times 10\ 000) + (5 \times 100) + (13 \times 10) + (4 \times 1) + \left(7 \times \dfrac{1}{10}\right) + \left(11 \times \dfrac{1}{100}\right)$	
	380,47
	40 000,09
	0,30

Je suis capable

Antoine a inventé une tirelire à compteur. Quand on met une pièce de monnaie dans la tirelire, un compteur indique la somme accumulée.

Dans chacun des cas suivants, écris ce qu'indiquera le compteur après l'introduction de chacune des pièces. Si le compteur indique

a) 4,89 $ et qu'on y place successivement 12 pièces de 0,01 $.

b) 0,61 $ et qu'on y place successivement 8 pièces de 0,10 $.

c) 6,07 $ et qu'on y place successivement 5 pièces de 1 $.

d) 0,99 $ et qu'on y place 1 pièce de 0,01 $.

e) 0,99 $ et qu'on y place 1 pièce de 0,10 $.

f) 0,99 $ et qu'on y place 1 pièce de 1 $.

Les nombres décimaux

Un nombre décimal est composé d'une **partie entière** et d'une **partie fractionnaire**.

1 groupement de 100 unités

5 groupements de 10 unités

8 unités

3 dixièmes d'unité

4 centièmes d'unité

158, 34

La virgule sépare la partie entière de la partie fractionnaire.

Le nombre ci-dessus se lit ainsi :

cent cinquante-huit entiers et trente-quatre centièmes.

Voici une décomposition du nombre décimal ci-dessus.

$$158,34 = (1 \times 100) + (5 \times 10) + (8 \times 1) + \left(3 \times \frac{1}{10}\right) + \left(4 \times \frac{1}{100}\right)$$

Voici quelques fractions écrites sous la forme de nombres décimaux.

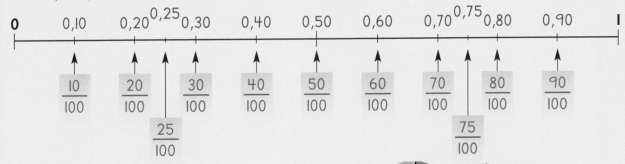

| 0 | 0,10 | 0,20 | 0,25 | 0,30 | 0,40 | 0,50 | 0,60 | 0,70 | 0,75 | 0,80 | 0,90 | 1 |

$\frac{10}{100}$ $\frac{20}{100}$ $\frac{30}{100}$ $\frac{40}{100}$ $\frac{50}{100}$ $\frac{60}{100}$ $\frac{70}{100}$ $\frac{80}{100}$ $\frac{90}{100}$

$\frac{25}{100}$ $\frac{75}{100}$

Dans ma vie

Les nombres décimaux sont très utiles lorsqu'on prend des mesures.

Connais-tu ta grandeur en mètre ?

Situation-problème   Le budget de Murielle

Les taxes sont incluses dans les prix.

a) L'équipement de ski alpin dont rêve Murielle coûterait-il plus ou moins de 500 $?

b) Que pourrais-tu suggérer à Murielle pour que ses dépenses atteignent environ 400 $?

161,04 $

92,02 $

106,43 $

72,54 $

28,76 $

34,51 $

22,99 $

69,02 $

Les taxes sont incluses dans les prix.

201,29 $

166,79 $ 247,30 $

2,29 $

Sports

c) Selon toi, s'équiper pour le ski de fond coûte-t-il moins cher que s'équiper pour le ski alpin ? Explique ta réponse.

d) Trouve un sport d'hiver nécessitant un équipement qui coûte au plus 200 $. Note les différentes pièces d'équipement et leur prix. Calcule ensuite le coût total de ces achats.

e) En cherchant dans Internet ou en consultant le dépliant publicitaire d'un magasin d'articles de sport, choisis un équipement de ski alpin dont le coût total serait inférieur à 500 $.

Activité 1 • Dollars et cents

I. Le dollar canadien est l'unité monétaire que nous utilisons au Canada.

a) Combien de pièces de équivalent à un billet de ?

b) Combien de pièces de équivalent à un billet de ?

c) Combien de billets de équivalent à un billet de ?

d) Combien de pièces de équivalent à une pièce de ?

e) Combien de pièces de équivalent à une pièce de ?

2. Dans l'enveloppe qu'on te remet, il y a

- des billets de ; • des billets de ; • des pièces de ;

- des pièces de ; • des pièces de .

 Représente 123,45 $

a) en utilisant le moins de billets et de pièces possible ;

d) en utilisant seulement deux pièces de ;

b) en n'utilisant aucun billet de ;

e) en utilisant seulement trois pièces de .

c) en n'utilisant aucun billet de ;

Je m'exerce

Représente 102,15 $

a) en utilisant le moins de billets et de pièces possible ;

b) en utilisant seulement une pièce de ;

c) en n'utilisant aucune pièce de .

Activité 2 • Le temps des soldes

Le magasin d'articles de sport préféré de Samuel fait des soldes de fin de saison. C'est le moment idéal pour acheter un équipement de planche à neige.

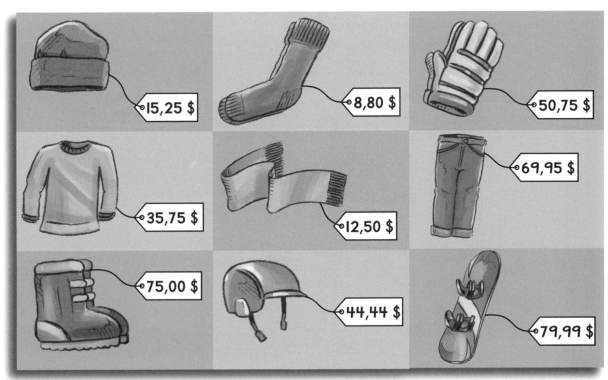

15,25 $

8,80 $

50,75 $

69,95 $

35,75 $

12,50 $

75,00 $

44,44 $

79,99 $

Les taxes sont incluses dans les prix.

Samuel veut dépenser au plus 100 $.

Quels articles peut-il acheter ? Donne trois possibilités différentes.

Je m'exerce

Effectue chacune des additions ci-dessous. Au besoin, utilise des billets de 100 $ et de 10 $, et des pièces de 1 $, de 10 ¢ et de 1 ¢.

a)
```
   3,00
+  1,25
```

b)
```
  13,50
+  6,50
```

c)
```
  246,75
+  11,75
```

d)
```
  1243,09
+  852,82
```

Activité 3 • Photos-souvenirs

Pour encadrer ses photographies de vacances, Josée a acheté les cadres ci-dessous.

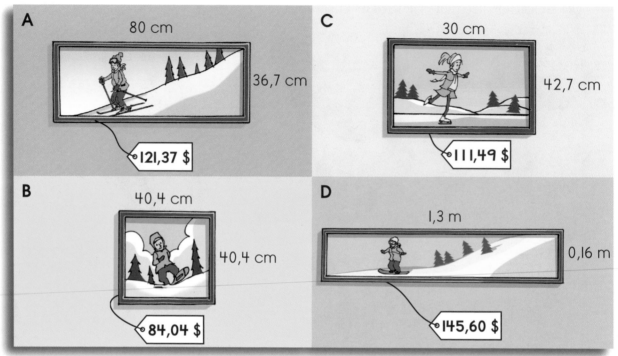

A 80 cm — 36,7 cm — 121,37 $

C 30 cm — 42,7 cm — 111,49 $

B 40,4 cm — 40,4 cm — 84,04 $

D 1,3 m — 0,16 m — 145,60 $

Les taxes sont incluses dans les prix.

a) Quel est le périmètre de chacun des cadres?

b) Quelle somme d'argent Josée a-t-elle déboursée pour acheter tous ces cadres?

Je m'exerce

Effectue les **additions** suivantes.

a)
```
   4,52
 + 2,25
```

b)
```
  21,36
   7,06
 + 3,12
```

c)
```
  246,75
  311,4
 + 32,2
```

d)
```
  2123,14
   750,12
  3152,01
 + 103,2
```

1 À l'aide du matériel multibase, Sophie-Anne a représenté le nombre I comme suit.

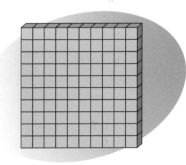

a) Représente chacun des nombres 12,25 et 8,07.

b) Calcule la somme de ces deux nombres.

2 Luce a dépensé 3 $ à l'épicerie. Donne cinq façons différentes de débourser cette somme d'argent avec des pièces de I $, de 10 ¢ et de I ¢. Compare tes réponses avec celles d'un ou d'une camarade.

3 **a)** Trouve les chiffres manquants dans les calculs suivants.

1)
```
    45,6
 +  15,■
 ───────
    60,9
```

2)
```
    72,■5
 +  41,3■
 ───────
   113,67
```

3)
```
   135,79
 +  18,6
 ────────
   15■,■■
```

4)
```
   1■2,67
 +  4■,■4
 ───────
   191,81
```

b) Classe les sommes obtenues en **a)**, de la plus petite à la plus grande.

4 Dans ton étui à crayons, choisis trois crayons de longueurs différentes.

a) Sans mesurer les crayons, estime la longueur, en centimètres, de chacun.

b) Sans les mesurer, estime la longueur totale, en centimètres, des trois crayons.

c) Vérifie tes réponses en mesurant les crayons avec une règle.

d) Si tu ajoutes un quatrième crayon mesurant 13,8 cm, quelle sera la longueur totale des quatre crayons?

5 Observe la grille de nombres ci-dessous.

0,01	0,02	0,03	0,04	0,05	0,06	0,07	0,08	0,09	0,1
0,11	0,12	0,13	0,14	0,15	0,16	0,17	0,18	0,19	0,2
0,21	0,22	0,23	0,24	0,25	0,26	0,27	0,28	0,29	0,3
0,31	0,32	0,33	0,34	0,35	0,36	0,37	0,38	0,39	0,4
0,41	0,42	0,43	0,44	0,45	0,46	0,47	0,48	0,49	0,5
0,51	0,52	0,53	0,54	0,55	0,56	0,57	0,58	0,59	0,6
0,61	0,62	0,63	0,64	0,65	0,66	0,67	0,68	0,69	0,7
0,71	0,72	0,73	0,74	0,75	0,76	0,77	0,78	0,79	0,8
0,81	0,82	0,83	0,84	0,85	0,86	0,87	0,88	0,89	0,9
0,91	0,92	0,93	0,94	0,95	0,96	0,97	0,98	0,99	1

a) Dans cette grille, trouve

    1) deux nombres dont la somme est 1;

    2) trois nombres dont la somme est 1;

    3) quatre nombres dont la somme est 1.

b) Que remarques-tu lorsqu'on se déplace

    1) de gauche à droite sur une ligne de cette grille?

    2) de haut en bas dans une colonne de cette grille?

6 Sabine, Lucas, Léopold et leurs parents ont un nouveau projet :
faire du camping d'hiver. Voici les articles nécessaires
qu'ils doivent acheter.

Articles	Coût (taxes incluses)
Un sac de couchage pour Lucas	31 2,75 $
Un brûleur	5 9,75 $
Une pompe pour filtration d'eau	56,99 $
Une tente d'hiver	415,96 $

Voici la contribution de chacun et chacune
pour l'achat de cet équipement.

Noms	Contribution
Sabine	220 $
Lucas	55 $
Léopold	I 30 $
Les parents	350 $

 a) Avec la contribution de chacun et chacune, pourront-ils acheter
les articles nécessaires ?

b) Si les parents fournissent 90,50$ de plus, pourront-ils alors
acheter les articles nécessaires ?

7 Samedi matin, Victor et Victoria
ont déjeuné à leur restaurant
 préféré.

Observe leur addition ci-contre.

a) Si Victor est le client **I**, combien
doit-il payer pour sa part ?

b) Si Victoria est la cliente **2,** combien
doit-elle payer pour sa part ?

Le Grille-pain	
Client ou cliente I	
I œuf et jambon	4,95 $
I café allongé	1,50 $
I jus d'orange	2,25 $
Taxes	1,31 $
Client ou cliente 2	
I œuf et fèves au lard	5,75 $
I café au lait	2,00 $
I croissant	1,35 $
Taxes	1,37 $
Total	20,48 $

8 À sa dernière compétition de plongeon, Alexandre a obtenu les points suivants.

Juge 1	Juge 2	Juge 3	Juge 4	Juge 5	Juge 6	Juge 7	Juge 8	Juge 9	Juge 10
8,9	9,2	7,9	9,4	9	8	8,5	9,3	9,6	8,8

a) Combien de points Alexandre a-t-il obtenus en tout?

b) Classe par ordre croissant les notes attribuées par les juges.

c) Si Vanessa a 0,8 point de plus qu'Alexandre, combien de points a-t-elle obtenus?

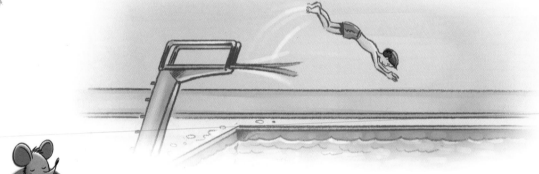

Je suis capable

1. a) Avec un budget de 25 $, quel repas complet pourrais-tu commander au restaurant Chez Marcel?

b) Combien ton repas coûterait-il?

2. a) Si tu étais propriétaire d'un restaurant, quel serait le menu? Compose ton menu en y indiquant le prix de chaque plat.

b) Demande à un ou à une camarade de commander un repas, puis prépare-lui l'addition.

✠ *Chez Marcel* ✠

Entrées

Jambon des Alpes	5,25 $
Escargots à l'ail	6,45 $
Salade du chef	4,75 $

Plats principaux

Cailles aux fraises	11,50 $
Ragoût de veau	13,95 $
Filet mignon	13,99 $
Cassoulet des tropiques	15,75 $

Desserts

Sorbet aux poires	3,75 $
Tarte au sirop d'érable	5,15 $

Les taxes et le service sont inclus.

Clic

Additionner des nombres décimaux

Pour additionner des nombres décimaux, il suffit d'additionner les chiffres ayant la même position dans les nombres. Ainsi, on additionne les **centièmes** avec les centièmes, les **dixièmes** avec les dixièmes, les **unités** avec les unités, etc. Il faut tenir compte des **retenues** possibles.

Exemple :

②①
1,99

0,65

+ 2,8
_____

5,44

Dans ma vie

Quand on achète un article quelconque, il est important de vérifier la facture.

Et toi, vérifies-tu le coût de tes achats ?

Le labo du hasard 7

L'art de la simulation

Atelier 1 • Tout se remplace

Situation I

Tes camarades et toi décidez de jouer à un jeu de société. Tout est prêt, mais... impossible de trouver le dé indispensable pour jouer.

Par quoi pourrais-tu remplacer le dé ?

Situation 2

Tes camarades et toi organisez une partie de football dans le parc. Pour désigner l'équipe qui aura le ballon au début de la partie, vous décidez de tirer à pile ou face, mais... impossible de trouver une pièce de monnaie.

Par quoi pourrais-tu remplacer cette pièce de monnaie ?

Situation 3

Jonathan a perdu la roue qui permet de faire avancer les pions d'un jeu de société.

Par quoi cette roue pourrait-elle être remplacée ?

À un stand d'un parc d'attractions, les gens choisissent l'une des roues ci-dessous pour faire avancer leur cheval de course.

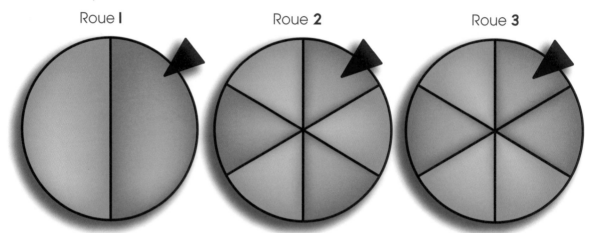

Roue **1**   Roue **2**   Roue **3**

a) Sachant que le cheval avance lorsque la roue s'arrête sur une section verte, quelle roue choisirais-tu ? Explique ta réponse.

Pour préparer sa prochaine partie, Roxanne décide de **simuler** chez elle le fonctionnement des trois roues à l'aide d'un dé et du matériel ci-dessous.

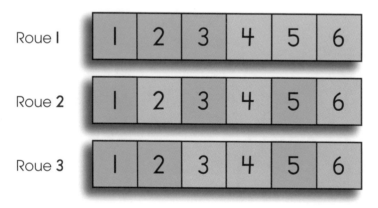

Roue 1 | 1 | 2 | 3 | 4 | 5 | 6

Roue 2 | 1 | 2 | 3 | 4 | 5 | 6

Roue 3 | 1 | 2 | 3 | 4 | 5 | 6

b) Ce matériel permet-il de bien **simuler** le fonctionnement des trois roues du parc d'attractions ? Explique ta réponse.

c) En lançant un dé ordinaire 30 fois, expérimente chacune des roues représentées par le matériel de Roxanne.
Une roue semble-t-elle plus avantageuse que les autres ? Remets-tu en question le choix que tu as fait en **a)** ? Explique tes réponses.

Atelier 3 • Où sont les dés ?

Jonathan et Mariella ont perdu les deux dés qui leur servaient à jouer au jeu des serpents et des échelles. Pour les remplacer, Mariella propose d'écrire sur des bouts de papier toutes les sommes que l'on peut obtenir en lançant deux dés, puis de tirer au hasard des papiers d'un contenant.

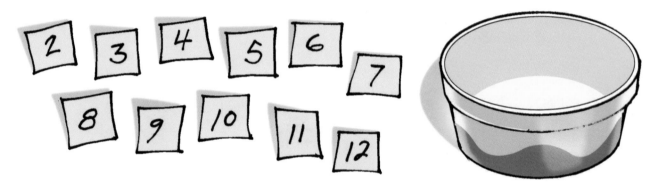

a) Selon toi, ce matériel remplace-t-il bien les dés ? Explique ta réponse.

b) Afin de vérifier ta réponse à la question **a)**, fais les deux expériences suivantes.

Expérience I

Lance deux dés au moins 70 fois et note les résultats dans le tableau qu'on te remet.

Prénom : Jonathan											
Essais	**Sommes possibles avec deux dés**										
	2	3	4	5	6	7	8	9	10	11	12
1			X								
2								X			

Expérience 2

En utilisant le matériel de Mariella, fais au moins 70 tirages et note les résultats dans le tableau qu'on te remet.

c) Compare les résultats des deux expériences.

d) Ta réponse à la question **a)** te semble-t-elle juste ? Explique pourquoi.

Atelier 4 • Pile ou face ?

Papi René fait tirer au sort des billets pour le spectacle des Anges noirs. Simon, Brigitte et Louisa participent au tirage. Papi René veut se servir de deux pièces de monnaie.

Cependant, papi René ne trouve pas deux pièces de monnaie. Il suggère alors de placer dans un sac les noms de Simon, Brigitte et Louisa, et de procéder au tirage.

a) Cette méthode remplace-t-elle bien un tirage fait avec des pièces de monnaie ? Explique ta réponse.

b) Expérimente les deux façons de procéder au tirage.

Atelier 5 • Un dé virtuel

L'ordinateur permet de simuler la réalité. Peut-être as-tu déjà joué au hockey, aux échecs ou conduit une voiture de course à l'ordinateur.

L'ordinateur permet aussi de **simuler** le lancer d'un dé.

Matériel

- Un ordinateur pouvant déterminer au hasard un nombre de 1 à 6
- Un tableau pour compiler les résultats obtenus

Marche à suivre

- Laisse l'ordinateur déterminer au hasard le résultat du lancer d'un dé.
- Fais 50 **simulations** à l'aide de l'ordinateur.
- À chaque **simulation,** note le résultat obtenu dans le tableau qu'on te remet.

a) Quelles informations doit-on donner à l'ordinateur pour qu'il puisse **simuler** le lancer d'un dé ?

b) Selon toi, en quoi est-il plus avantageux d'utiliser l'ordinateur plutôt qu'un dé ?

c) En simulant plusieurs lancers avec l'ordinateur, un résultat semble-t-il plus probable que les autres ? Un résultat semble-t-il moins probable que les autres ?

d) Pourrais-tu facilement simuler 500 lancers d'un dé à l'aide de l'ordinateur ? Explique ta réponse.

Je fais le point 7

Nombres

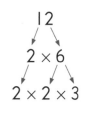

J'ai appris à lire et à écrire des nombres décimaux.

J'ai appris à décomposer un nombre naturel en facteurs premiers.

Opérations

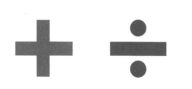

J'ai appris à additionner des nombres décimaux.

J'ai appris à diviser un nombre naturel de trois chiffres par un nombre de un chiffre.

Géométrie

J'ai appris à tracer des lignes parallèles et des lignes perpendiculaires.

Géométrie

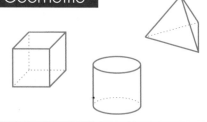

J'ai appris ce qu'est le volume d'un solide.

Probabilité

J'ai appris à simuler des activités liées au hasard.

Étape 8

École Notre-Dame-de-l'Assomption
95, rue Notre-Dame Nord
Châteauguay (Québec) J6J 4T2
Tél.: 514 380-8899 #4451

La valeur des choses

Situation-problème

Comme un poisson dans l'eau

Observe les deux aquariums ci-dessous.

> *Un gros poisson et un petit poisson coûtent 9,45 $.*

> *Un gros poisson et deux petits poissons coûtent 11,60 $.*

Combien chacun des gros poissons bleus coûte-t-il ?

Explique ta démarche.

Combien cet animal de compagnie ?

Quel animal de compagnie aimerais-tu adopter ? Selon toi, quels sont les coûts à prévoir lorsqu'on adopte un animal ?

a) Dresse une liste des éléments qui te semblent nécessaires lorsqu'on a un animal de compagnie à la maison. Sur ta liste, note le prix de chaque élément.

b) Avec un budget de 200 $, quels éléments figurant sur ta liste pourrais-tu acheter ? Si tu peux tous les acheter, combien d'argent te reste-t-il ? Sinon, combien d'argent te manque-t-il ?

Activité 1 • Dans l'enveloppe

Nombre de joueurs et de joueuses

- Deux.

Matériel

- Des billets de 100
- Des billets de 10
- Des pièces de

- Des pièces de
- Des pièces de
- Une enveloppe

Marche à suivre

- Dans l'enveloppe, prends une somme d'argent **supérieure à 500 $.**
- En te posant des questions, un ou une camarade de classe essaie de **deviner** combien d'argent tu as pris et de découvrir quels billets et quelles pièces de monnaie tu as en main.
- Quand ton ou ta camarade a trouvé les réponses, recommence l'exercice en inversant les rôles.

Je m'exerce

1. Avec des billets de 100 $ et de 10 $, et des pièces de 1 $, de 10 ¢ et de 1 ¢, trouve trois façons différentes d'obtenir la somme de 408,09 $.

2. Voici les économies d'Audrey et de Fabrice. Qui a le plus d'argent?

Économies d'Audrey

Économies de Fabrice

Activité 2 • Au marché

Personnages

- Un commerçant ou une commerçante.
- Un client ou une cliente.

Matériel

- Des billets de 100 $ et de 10 $, et des pièces de 1 $, de 10 ¢ et de 1 ¢
- Deux enveloppes

Compote de pommes 2,75 $

Miel 3 $

Pommes 25 ¢   Bananes 30 ¢   Oranges 40 ¢

Marche à suivre

- En consultant des dépliants publicitaires, les deux personnes dressent une liste de 10 produits alimentaires et déterminent leur prix.
- Chaque personne reçoit une enveloppe contenant une somme d'argent.
- Le client ou la cliente achète les produits de son choix.
- Le commerçant ou la commerçante calcule le coût total des achats et rend la monnaie au client ou à la cliente.
- À chaque transaction, chaque personne s'assure que l'autre ne fait pas d'erreur.

Je m'exerce

Effectue chacune des soustractions suivantes, en te servant, au besoin, du matériel multibase ou de fausse monnaie.

a) 3,50 − 1,20

b) 9,15 − 5,10

c) 41,05 − 22,15

d) 200,52 − 65,92

e) 134,84 − 82,60

f) 1,06 − 0,78

Activité 3 • Plus vite que son ombre

Bruny Surin a déjà couru 100 mètres en 9,91 secondes.

Des camarades organisent une course de 100 m.

Voici leurs temps.

Noms	Temps
Audrey	22,5 s
Victor	30 s
Samson	21,65 s
Charlotte	29,95 s
Béatrice	23,08 s
Pénélope	20,04 s
Hubert	23,4 s

a) Combien de temps de plus que Bruny Surin chaque personne a-t-elle mis pour parcourir 100 m? Qui est le plus près de son temps? Et le plus éloigné?

b) Et toi, combien de temps de plus que Bruny Surin mettrais-tu pour courir 100 m? Fais une course de 100 m et vérifie ton estimation.

Je m'exerce

I. En Inde, les femmes portent un sari. C'est une pièce de tissu qui mesure 6 m de long et dont elles se drapent. Si Anja coupe 2,75 m de son sari, quelle longueur de sari restera-t-il?

2. Effectue chacune des soustractions suivantes.

a) 14,52 – 2,41   **b)** 52,82 – 27,06   **c)** 206,75 – 111,1   **d)** 103,3 – 40,25

Je m'entraîne

 1 Thierry représente les nombres décimaux à l'aide du matériel multibase.

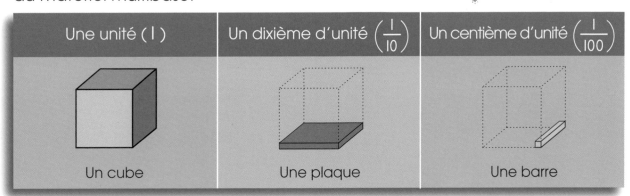

Une unité (I)	Un dixième d'unité $\left(\dfrac{1}{10}\right)$	Un centième d'unité $\left(\dfrac{1}{100}\right)$
Un cube	Une plaque	Une barre

En utilisant le matériel ci-dessus,

a) représente les nombres 6,75 et 4,8 ;

b) effectue la soustraction 6,75 – 4,8.

2 Aux derniers Jeux du Québec, les juges ont attribué à Antoine les points suivants pour son premier plongeon au tremplin de 3 mètres.

Juge I	Juge 2	Juge 3	Juge 4	Juge 5	Juge 6	Juge 7	Juge 8	Juge 9	Juge I0
9,2	8,4	8,1	7,9	9,5	9	7,6	7,7	9,4	8,8

Entre quels juges la différence de points est-elle la plus grande ?

3 Mme Brossard a 42,5 m de tissu bolivien. Si elle en utilise 8,75 m pour faire des rideaux, quelle longueur de tissu lui reste-t-il?

4 Brigitte a reçu 100 $ pour son anniversaire. Avec cet argent, elle a acheté des lunettes de soleil de 25,95 $ et une gourde de 32,50 $. Combien d'argent lui reste-t-il?

5 Dernièrement, Claudia et ses camarades ont mesuré leur taille.

Noms	Taille
Claudia	1,39 m
Wallace	1,33 m
Théo	1,47 m
Jehan	1,55 m
Antonio	1,45 m
Sylvie	1,29 m

a) Classe ces enfants selon leur taille, de la plus petite personne à la plus grande.

b) Quelle est la différence de taille entre la plus petite et la plus grande personne?

c) Rose se joint au groupe. Elle mesure 0,17 m de moins que Jehan. Ajoute-la dans le classement que tu as fait en **a)**.

6 Observe l'addition ci-contre.

a) Lequel des deux clients a dû débourser le plus d'argent pour son déjeuner ?

b) Combien d'argent de plus ce client a-t-il dû débourser ?

Le petit-matin 950, rue Principale Saint-Olivier	
Client ou cliente I	
I œuf / jambon	4,95 $
I café expresso	1,25 $
I jus d'orange	1,75 $
Taxes	1,20 $
Client ou cliente 2	
I œuf / fèves au lard	4,75 $
I café au lait	2,00 $
I croissant	1,45 $
Taxes	1,23 $
Total	18,58 $

7 Les parents de Yan veulent renouveler son équipement de randonnée d'hiver. Voici la liste des achats.

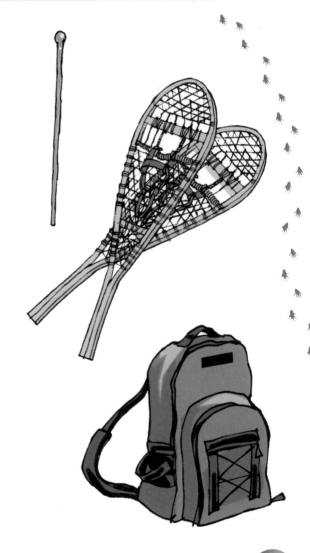

La boutique Plein air 1212, rue du Lac Beaulac	
Aujourd'hui, nous payons les taxes pour vous !	
Raquettes	64,95 $
Bâton de marche	59,95 $
Sac à dos	119,95 $

a) Estime le coût total des achats.

b) Calcule le coût total des achats.

c) Si les parents de Yan donnent 300 $ pour régler la facture, combien d'argent leur remettra-t-on ?

8 Durant leur cours d'éducation physique, Laura et Marc-Antoine ont fait un saut en longueur.

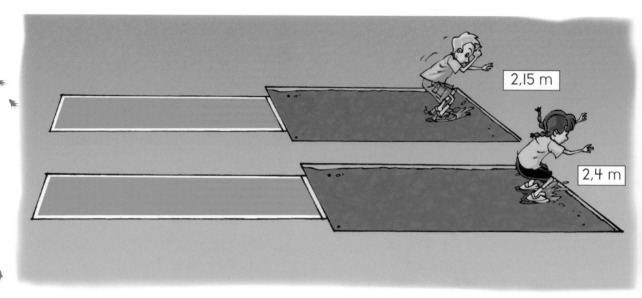

2,15 m

2,4 m

a) Qui a effectué le plus long saut?

b) Si Manuel a sauté 0,58 m de moins que Laura, quelle est la longueur de son saut?

9 Dans le placard de Louisa, il reste une place de 18 cm de largeur entre deux boîtes. Si Louisa y place une boîte de 8,5 cm de largeur, quelle largeur restera-t-il?

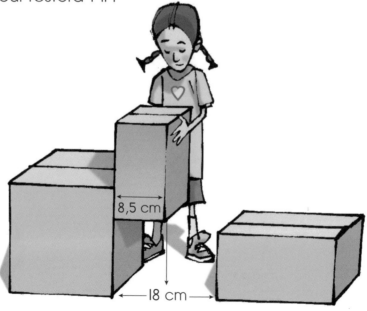

8,5 cm

18 cm

Imagine que tu as 300 $ à dépenser. En feuilletant un catalogue, dresse une liste de cinq articles qui te plaisent. Voici les éléments que ta liste devra comprendre.

Page du catalogue	Description de l'article	Prix

Cette liste respecte-t-elle ton budget? Si oui, quelle somme d'argent te restera-t-il? Sinon, quelle somme d'argent te manque-t-il pour acheter tous ces articles?

Clic

Soustraire des nombres décimaux

Pour soustraire des nombres décimaux, il suffit de soustraire les chiffres occupant la même position dans les nombres. Ainsi, on soustrait les **centièmes** des centièmes, les **dixièmes** des dixièmes, les **unités** des unités, etc. Il faut tenir compte des **emprunts** nécessaires.

Exemple:

$$
\begin{array}{r}
1,3\overset{2}{\cancel{}}2 \\
-\ 0,14 \\
\hline
1,18
\end{array}
$$

Dans ma vie

Que fais-tu lorsque tu n'as pas suffisamment d'argent pour acheter ce que tu désires?

Situation-problème **Les clones d'un clown**

Fais équipe avec un ou une camarade et, ensemble, mettez à l'épreuve votre sens de l'observation.

Objectif

Mettre au point un système de repérage permettant de repérer un personnage le plus facilement possible.

Marche à suivre

- Choisis un des personnages représentés sur la page suivante.

- Ton ou ta camarade te pose des questions et essaie de le repérer sur la page. Ensemble, communiquez comme si vous parliez au téléphone.

- Quand le personnage est repéré, recommencez l'exercice en inversant les rôles.

- Établissez un système de repérage qui facilitera la recherche du personnage.

Comparez les différents systèmes de repérage créés en classe.

Quels sont leurs inconvénients et leurs avantages?

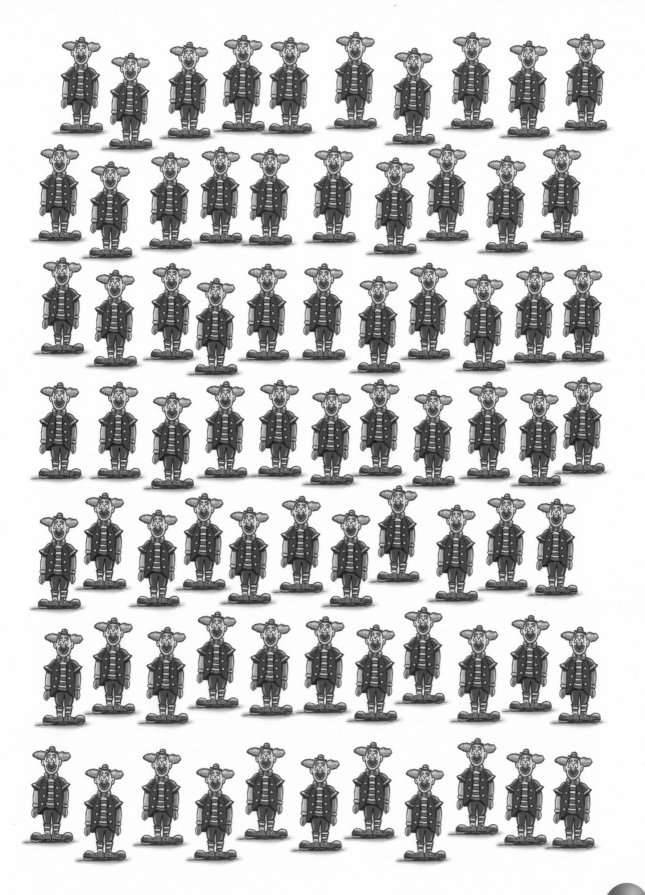

Activité 1 • Sur tous les plans

Matériel

Ton enseignante ou enseignant te remet un des six documents suivants.

- Le plan d'évacuation d'une école
- Le plan d'un centre commercial
- Une carte routière
- Le plan d'une bibliothèque
- Un agenda
- Le plan d'un aéroport

Chaque document est accompagné d'une consigne indiquant un élément à repérer sur le document.

Marche à suivre

- Sur ton document, repère l'élément indiqué dans la consigne.
- Forme une équipe avec toutes les personnes qui ont reçu le même document que toi.
- Ensemble, **élaborez une méthode** permettant de repérer facilement **un élément quelconque** sur votre document.
- Désignez un ou une porte-parole qui présentera votre méthode à la classe.

Je m'exerce

a) Sur l'échiquier qu'on te remet, trace un **X** sur la case **G4.**

b) Une case de l'échiquier est déjà occupée par un cavalier. Quelle est cette case ?

c) Un fou se déplace en diagonale de la case **C2** à la case **H7.** De combien de cases s'est-il déplacé ?

Activité 2 • Un point, c'est tout !

Personnages

- Un émetteur ou une émettrice.
- Un récepteur ou une réceptrice.

Matériel

- Deux feuilles blanches
- Deux crayons
- Deux règles graduées en millimètres

Marche à suivre

- Les deux personnes se placent dos à dos, de façon à ne pas voir la feuille de l'autre.
- L'émetteur ou l'émettrice dessine un point n'importe où sur sa feuille, puis décrit verbalement son emplacement le plus précisément possible au récepteur ou à la réceptrice.
- Sur sa feuille, le récepteur ou la réceptrice essaie de dessiner un point exactement au même endroit.
- Les deux personnes comparent les emplacements des points et vérifient si ceux-ci sont au même endroit.
- On recommence l'exercice en inversant les rôles.

a) Y a-t-il des méthodes qui facilitent la tâche du récepteur ou de la réceptrice ?

b) Y a-t-il des détails dont les deux personnes doivent convenir au départ ?

Je m'exerce

Pour chacun des ensembles de points, trouve un procédé qui permet de repérer facilement n'importe quel point.

A

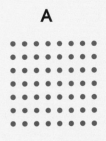

B

C

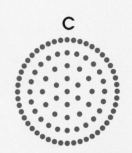

Activité 3 • Donne-moi tes coordonnées

Sur une feuille quadrillée, Luce a dessiné des points et a associé chaque ligne et chaque colonne à un nombre. Ce système de repérage permet de déterminer la position de n'importe quel point.

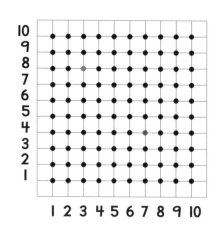

Dans un plan, un système de repérage est un procédé qui permet de repérer des points sur une surface donnée.

Les coordonnées d'un point du plan sont les deux informations données dans un certain ordre pour situer ce point. Ces deux informations forment ce qu'on appelle un couple de coordonnées.

a) Quel couple de coordonnées permet de repérer

1) le point rouge ? **2)** le point vert ?

b) Compare tes réponses avec celles d'un ou d'une camarade.
Vos couples de coordonnées sont-ils semblables ?
Sinon, en quoi diffèrent-ils ?

Je m'exerce

Sur une feuille qu'on te remet, on a reproduit le système de repérage de Luce.

a) Encercle le point correspondant au couple de coordonnées

1) (3, 7), en rouge ; **3)** (1, 6), en jaune ;

2) (9, 2), en bleu ; **4)** (4, 5), en vert.

b) Repère le point dont le couple de coordonnées est (8, 5).
Quelles sont les coordonnées du point situé immédiatement

1) au-dessus de ce point ? **3)** à gauche de ce point ?

2) au-dessous de ce point ? **4)** à droite de ce point ?

1 Observe le plan du centre commercial Les galeries.

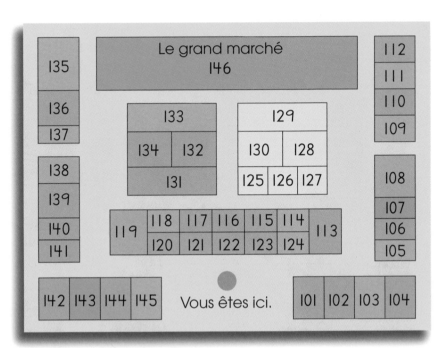

Articles de sport	Vêtements et accessoires				Restaurants	Électronique et musique	
107	101	113	122	139	125	103	124
143	102	115	123	140	126	105	133
146	104	116	131	141	127	109	135
Pharmacie	106	117	132	142	128	111	137
108	110	120	134	144	129	114	138
119	112	121	136	146	130	118	145

a) Quel est le numéro du magasin d'articles de sport situé le plus près de toi ?

b) Tu veux acheter un baladeur. Tu choisis d'aller dans le magasin le plus éloigné. Quel est le numéro de ce magasin ?

c) Dans un centre commercial, où sont situés les plans ? Explique pourquoi.

Voici le plan du métro de Montréal.

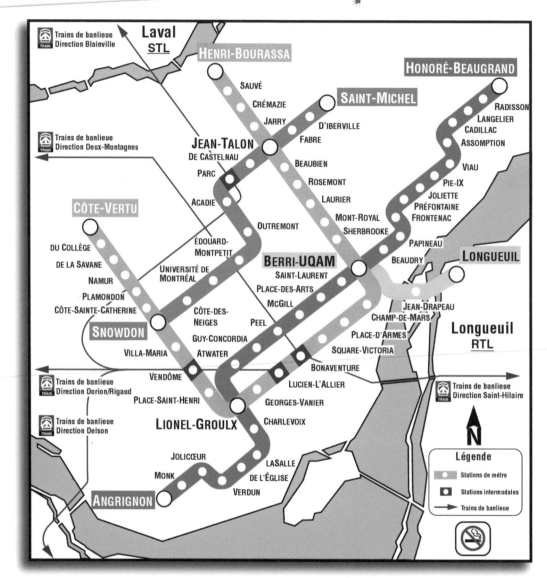

Reproduction autorisée par la Société de transport de Montréal.

a) Quelles sont toutes les stations où il est possible de changer de ligne de métro ?

b) Imagine que tu es à la station Laurier et que tu dois aller à la station Vendôme. Décris deux trajets possibles.

3 Quelles sont **toutes les informations** que l'on doit posséder pour pouvoir repérer facilement un mot précis dans un roman ? Combien d'informations sont nécessaires ?

4 Feuillette un journal. Observe comment il est constitué.

Comment peut-on repérer facilement un article dans ce journal ?

5 En utilisant un atlas, situe assez précisément

a) 1) la ville de Sault-Sainte-Marie ;   3) les îles Baléares ;

2) la mer d'Aral ;   4) le mont Aconcagua.

b) Décris le procédé généralement utilisé pour que l'on puisse repérer facilement un lieu sur les cartes géographiques et les cartes routières.

6 **a)** Sur la feuille qu'on te remet, fais un dessin en reliant par des lignes droites certains des points du plan.

b) En utilisant le système de repérage, indique à un ou à une camarade comment tracer ton dessin.

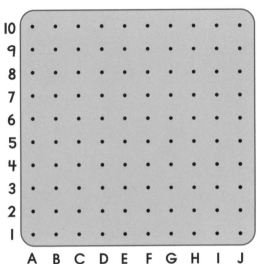

7 Observe la disposition des produits dans un grand magasin d'alimentation.

a) Y a-t-il des sections qui regroupent certains produits ? Quel est le nom de ces sections ? Donne plusieurs exemples.

b) Explique comment tu pourrais repérer rapidement dans ce magasin

1) du fromage ;   3) un sac de riz ;

2) un pot de compote de pommes ;   4) du pain.

8 Voici le plan d'un zoo.

a) Crée un système de repérage qui permet de repérer rapidement les différents animaux.

b) Avec ton système, comment repère-t-on

1) les lions ?   **2)** les koalas ?

c) Avec ton système, peut-on repérer n'importe quel endroit du zoo ? Explique ta réponse.

Je suis capable

Berthe a créé un logiciel permettant de tracer des polygones à partir de leurs coordonnées. Elle a utilisé un système de repérage qui permet de définir les points.

a) Trace les polygones convexes dont les sommets correspondent aux coordonnées suivantes.

1) **C8, F5** et **B3.**

2) **K3, K7, I8, G7** et **G3.**

3) **CI, JI, J2** et **C2.**

b) Donne les coordonnées de chacun des sommets du polygone ci-contre.

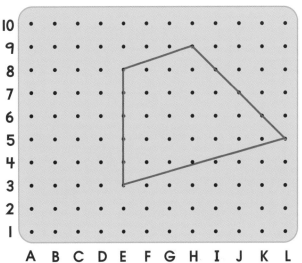

Clic

Le repérage sur un plan

Pour repérer n'importe quel point sur un plan, on a besoin d'un bon système de repérage. Dans un système de repérage, les coordonnées sont les informations qui permettent de situer un point.

En mathématiques, le plan cartésien comprend un système de repérage utilisant deux axes de nombres. Ces deux axes sont perpendiculaires et gradués de la même façon.

Dans ma vie

Dans les centres commerciaux, il y a souvent un plan qui permet de se repérer. Selon toi, dans quels autres endroits trouve-t-on de tels plans ?

Donnez-nous des données !

Situation-problème   ## La part de l'ombre

I. As-tu déjà remarqué que ton ombre n'est pas toujours de la même longueur ?

a) À un endroit bien ensoleillé, plante perpendiculairement au sol un bâton droit mesurant environ un mètre de longueur.

Mesure ensuite la longueur de l'ombre du bâton aux heures indiquées dans le tableau qu'on te remet. Note tes mesures dans ce tableau.

b) Décris l'évolution de l'ombre du bâton au cours de la journée.

Selon toi, pourquoi l'ombre n'a-t-elle pas toujours la même longueur ?

Heures de la journée	Longueur de l'ombre (en centimètres)
9 h	
10 h	
11 h	
12 h	
13 h	
14 h	
15 h	
16 h	
17 h	
18 h	

2. Pendant six mois, Marie-Ange a mesuré l'ombre d'un bâton à midi tous les 15 du mois, et ce, à partir du mois d'août. Le diagramme à ligne brisée ci-dessous rassemble les données recueillies.

a) Observe l'évolution de la longueur de l'ombre. Que remarques-tu?

b) Comment expliques-tu ce phénomène?

c) Selon toi, à quoi ressemblerait la ligne brisée représentant la longueur de l'ombre si le diagramme couvrait toute une année?
Compare ta réponse avec celle de tes camarades.

d) Si l'expérience était menée à un autre endroit sur la Terre, arriverait-on aux mêmes conclusions? Explique pourquoi.

Activité 1 • Attention aux écrans !

Pendant quelques semaines, les parents de Louis ont noté des données sur certaines de ses habitudes. Ces données sont rassemblées dans les deux diagrammes à ligne brisée ci-dessous.

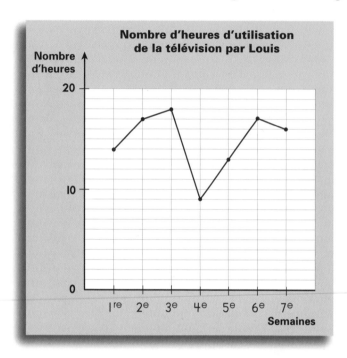

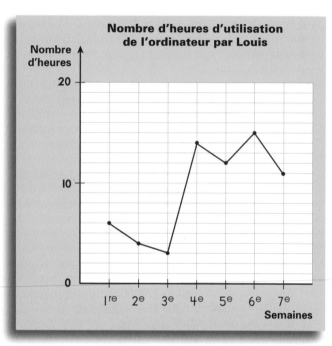

Compare l'utilisation que Louis fait de la télévision à celle qu'il fait de l'ordinateur. Quelles informations peut-on en déduire ?

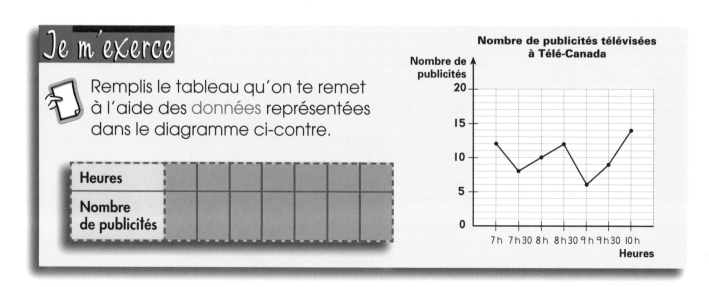

Je m'exerce

Remplis le tableau qu'on te remet à l'aide des données représentées dans le diagramme ci-contre.

Heures							
Nombre de publicités							

Activité 2 • Action !

En alternance, les différents symboles ci-dessous seront affichés au tableau. Le groupe devra alors exécuter l'action associée au symbole durant un temps donné.

 Marche sur place	Course sur place	 Sauts en croix sur place	 Sauts droits sur place	 Immobilité

Matériel

• Une feuille de collecte de données

Marche à suivre

• Prends ton pouls et inscris le résultat sur la feuille de collecte de données qu'on te remet.

• Observe le symbole affiché au tableau.

• Au premier signal, exécute l'action.

• Au second signal, arrête l'action.

• Prends ton pouls et note le résultat sur la feuille de collecte de données.

• Suis les consignes pour chaque action à exécuter.

• À la fin de l'activité, complète le diagramme à ligne brisée qu'on te remet à l'aide des données que tu as recueillies.

Je m'exerce

À l'aide des données du tableau, complète le diagramme à ligne brisée qu'on te remet.

Mois	Avril	Mai	Juin	Juillet	Août	Septembre	Octobre
Nombre de parties de soccer	8	11	16	16	18	8	7

Activité 3 • Économisons l'eau

Pour recueillir l'eau de pluie afin d'arroser son jardin, du 1er juin au 10 juin, Amélie a placé un tonneau d'une capacité de 100 litres sous la gouttière de la maison.

Amélie a noté les différentes quantités d'eau dans le tonneau à la fin de chaque journée. Le diagramme à ligne brisée ci-contre représente la situation.

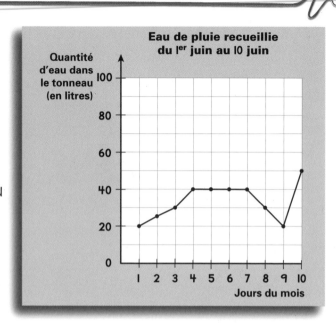

a) Dans tes mots, décris ce qui s'est passé durant ces 10 jours.

 b) Sur la feuille qu'on te remet, trace avec un crayon bleu une ligne brisée pour représenter de fortes précipitations qui remplissent complètement le tonneau durant ces 10 jours.

c) Sur cette même feuille, trace avec un crayon rouge une ligne brisée pour représenter une forte utilisation d'eau qui finit par vider complètement le tonneau durant ces 10 jours.

Je m'exerce

Jean-Nicolas a fait un casse-tête de 100 pièces en 40 minutes. Toutes les cinq minutes, il a compté le nombre de pièces qui étaient bien placées.

Minutes	5	10	15	20	25	30	35	40
Nombre de pièces bien placées	6	14	18	26	36	52	72	100

 Sur la feuille qu'on te remet, représente ces données à l'aide d'un diagramme à ligne brisée.

Je m'entraîne

Selon le cas, remplis le tableau ou trace la ligne brisée sur la feuille qu'on te remet.

a)

Semaines	Nombre de fruits mangés
1re	10
2e	15
3e	8
4e	5
5e	17
6e	12

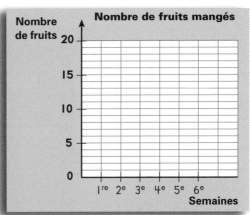

b)

Mois	Nombre de visites à la piscine
Janvier	3
Février	6
Mars	4
Avril	8
Mai	12
Juin	16

c)

Jours	Nombre de fois que l'on ouvre une porte

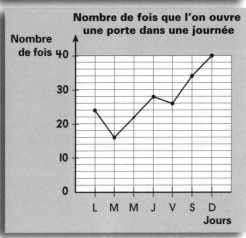

2 En six périodes de lecture, Sébastien a entièrement lu un livre intitulé *Le donjon.* Il a noté le nombre de pages qu'il a lues à chaque période.

a) À l'aide des données du tableau, trace une ligne brisée sur le diagramme qu'on te remet.

Périodes de lecture	1	2	3	4	5	6
Nombre de pages lues	9	8	11	19	15	17

b) À quelle page Sébastien était-il rendu à la fin de la troisième période de lecture?

c) Selon toi, l'intérêt de Sébastien pour son livre a-t-il augmenté ou diminué au fil des pages? Explique ta réponse.

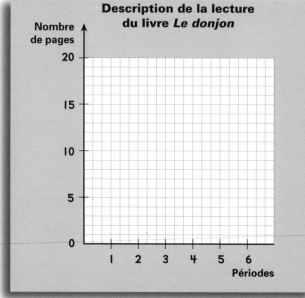

3 Voici les résultats des sept derniers matchs qui ont opposé deux équipes de basket-ball.

Matchs	1	2	3	4	5	6	7
Rouges	18	24	32	28	36	36	34
Bleus	38	20	26	22	18	28	30

a) Sur le diagramme qu'on te remet, trace une ligne brisée pour chaque équipe.

b) Quelle équipe s'est le plus améliorée? Explique ta réponse.

c) Décris la performance de chaque équipe au fil du temps.

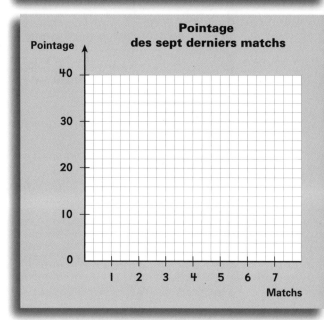

a) Pendant une journée, affiche un tableau semblable au tableau ci-dessous dans chacune des salles de bains qu'il y a chez toi.

Demande à chaque personne de faire une marque sur le tableau chaque fois qu'elle actionne la chasse d'eau.

Moments de la journée	Nombre d'utilisations de la chasse d'eau
Réveil (de 6 h à 9 h)	
Avant-midi (de 9 h à 12 h)	
Dîner (de 12 h à 15 h)	
Après-midi (de 15 h à 18 h)	
Souper (de 18 h à 21 h)	
Soirée (de 21 h à 24 h)	
Nuit (de 24 h à 6 h)	

 b) À l'aide des données recueillies, trace une ligne brisée sur le diagramme qu'on te remet.

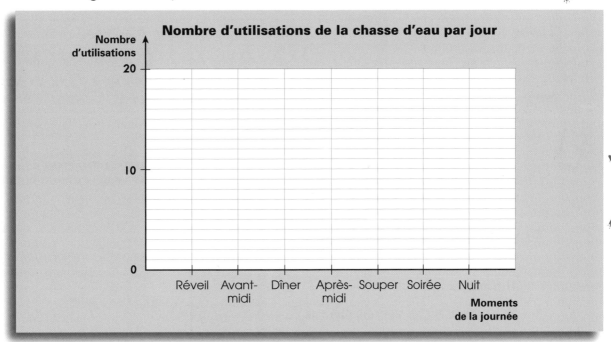

c) Y a-t-il des moments de la journée où les toilettes sont moins utilisées ? Pour quelles raisons, selon toi ?

d) Environ 15 litres d'eau sont utilisés chaque fois que l'on actionne la chasse d'eau. Combien de litres d'eau par jour utilise-t-on chez toi ?

Durant une semaine, Éléonore et Aïcha ont vendu des verres de jus de fruits fraîchement pressés. Elles ont tracé un **✗** pour chaque verre vendu.

Jours de la semaine	Nombre de verres vendus
Lundi	✗ ✗ ✗ ✗ ✗ ✗ ✗ ✗ ✗ ✗
Mardi	✗✗ ✗ ✗ ✗✗ ✗ ✗✗✗ ✗ ✗ ✗✗✗
Mercredi	✗ ✗✗ ✗ ✗✗✗ ✗ ✗✗ ✗ ✗
Jeudi	✗✗✗✗ ✗ ✗✗✗ ✗ ✗✗ ✗ ✗ ✗ ✗
Vendredi	✗✗ ✗ ✗ ✗ ✗✗✗ ✗✗ ✗ ✗✗ ✗✗✗ ✗ ✗ ✗✗✗
Samedi	✗✗✗✗ ✗ ✗✗ ✗ ✗✗✗✗✗ ✗✗✗ ✗✗✗✗✗ ✗ ✗✗✗ ✗✗✗ ✗✗✗✗✗✗
Dimanche	✗✗ ✗✗✗✗ ✗ ✗✗✗✗✗✗✗✗ ✗✗✗✗ ✗✗✗ ✗✗✗ ✗ ✗✗✗✗ ✗✗ ✗✗✗ ✗✗✗

a) À l'aide des données du tableau, trace une ligne brisée sur le diagramme qu'on te remet.

b) Quel jour Éléonore et Aïcha ont-elles vendu

   1) le plus de verres de jus?

   2) le moins de verres de jus?

c) Décris l'évolution des ventes au cours de la semaine.

d) Si chaque verre de jus était vendu 2 $, combien d'argent Éléonore et Aïcha ont-elles amassé en tout?

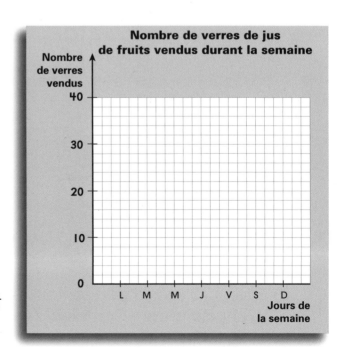

Clic

Les diagrammes à ligne brisée

Pour construire un diagramme à ligne brisée, tu dois

- recueillir des données numériques qui évoluent dans le temps et les placer dans un tableau;

- tracer deux **axes perpendiculaires** gradués servant de système de repérage;

- repérer et marquer les différents points de la **ligne brisée** à l'aide des données du tableau;

- relier les points entre eux.

Exemple :

Jours	Temps consacré par Maude aux devoirs à la maison (en minutes)
D	35
L	45
M	40
M	50
J	40
V	25
S	20

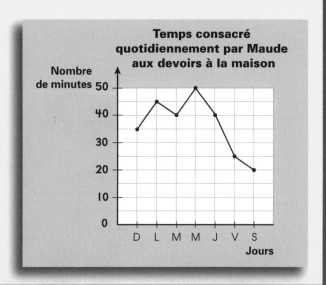

Temps consacré quotidiennement par Maude aux devoirs à la maison

Dans ma vie

Sur quel sujet aimerais-tu recueillir des données pour construire ensuite un diagramme à ligne brisée que tu pourrais présenter à la classe ?

Situation-problème **Art africain**

Dans l'ouest de l'Afrique, on trouve des étoffes superbes. Les symboles utilisés pour les décorer ont tous une signification bien précise. Mais, quand on ne les connaît pas, il est parfois difficile de les interpréter.

I. Observe l'étoffe ci-dessous.

Dans tes mots, décris ce que tu observes.

2. Voici quelques-uns des symboles qui sont utilisés comme décorations.

Le Soleil

Le moulin à vent

La Lune

a) Selon toi, lequel de ces symboles représente

  1) la fidélité ?

  2) la capacité à affronter les difficultés de la vie ?

  3) l'autorité et la fermeté ?

b) En utilisant un de ces symboles, construis une frise à l'aide de réflexions.

c) En utilisant un de ces symboles, dessine une étoffe à l'aide de réflexions.

Activité 1 • La table de Théo

Voici les modèles de pièces
de céramique que Théo utilise
pour recouvrir une petite table.

a) Sur la feuille qu'on te remet, recouvre **entièrement** le dessus
de la table en utilisant les modèles de Théo. Les pièces ne doivent
pas se superposer et toute la surface doit être recouverte.

b) Compare la façon dont tu as recouvert le dessus de la table avec
celle de tes camarades. Y a-t-il des régularités? Si oui, lesquelles?

c) Voici la mosaïque que Théo a créée
pour recouvrir la table. Sur la feuille
qu'on te remet, reproduis-la.

d) Crée à ton tour une mosaïque où l'on
trouve des régularités comme dans
celle de Théo.

Je m'exerce

Sur une feuille de papier quadrillé, trace
les trois polygones ci-contre en plusieurs
exemplaires, puis découpe-les.

Sur une autre feuille de papier quadrillé,
trace le contour d'un rectangle
de 10 carreaux sur 15 carreaux.

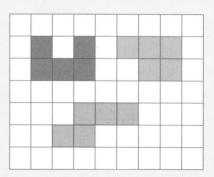

a) Avec seulement ces trois modèles de polygones,
recouvre entièrement le rectangle.

b) Y a-t-il des régularités?

Activité 2 • Les dallages de Lucie

Pour faire des mosaïques, Lucie dispose d'une multitude de petites pièces de céramique ayant les formes ci-contre.

On fait un dallage lorsqu'on recouvre un plan avec des **polygones,** sans superposer ces derniers et sans laisser de surface libre.

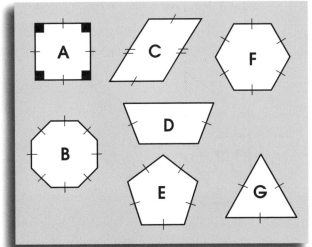

Avec des pièces **A,** Lucie a réussi à construire un dallage.

Elle essaie ensuite de faire un dallage avec les pièces **B,** mais elle n'y arrive pas.

a) Explique pourquoi les deux dispositions avec les pièces **B** ne sont pas des dallages.

b) Est-il possible de faire un dallage avec chacun des autres modèles (pièces **C** à **G**) ? Dans les cas où c'est possible, représente le dallage.

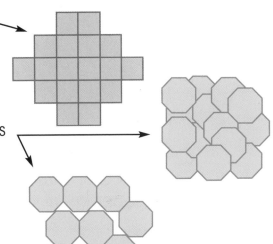

Je m'exerce

Peut-on construire un dallage avec chacun des polygones ci-contre ? Dans les cas où c'est possible, représente le dallage sur une feuille de papier quadrillé.

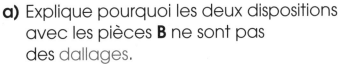

Activité 3 • Les miroirs de Sarah

En plaçant un miroir de chaque côté d'une illustration, Sarah a vu la frise ci-dessous.

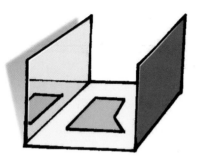

Sarah décide d'utiliser quatre miroirs.

a) En regardant dans les miroirs, peut-on voir un dallage? Explique pourquoi.

 b) Sur la feuille qu'on te remet, représente les illustrations que l'on verra en utilisant les quatre miroirs.

c) Est-il possible d'obtenir un dallage à partir d'une frise?
Si oui, comment procéderais-tu?

Je m'exerce

 Sur la feuille qu'on te remet, représente ce que l'on verrait autour de l'image centrale si elle était entourée de quatre miroirs.

Je m'entraîne

1 Parmi les figures ci-dessous, indique celles qui sont des dallages et celles qui n'en sont pas. Dans ce dernier cas, explique pourquoi ce ne sont pas des dallages.

Figure **A**

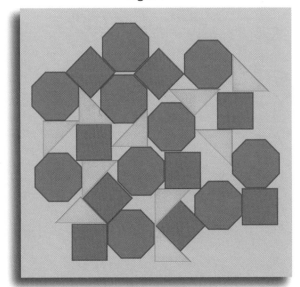

Figure **C**

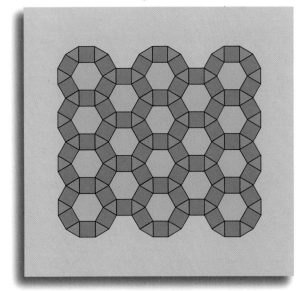

Figure **B**

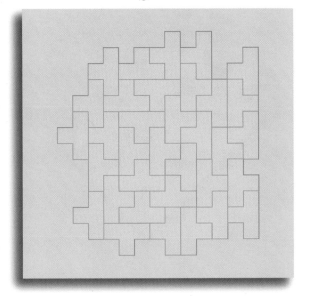

Figure **D**

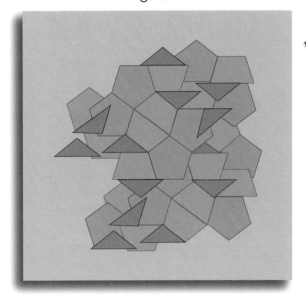

2 Chacune des courtepointes ci-dessous a été faite à partir d'un motif initial. Dans quelles courtepointes a-t-on effectué des réflexions sur le motif initial?

Courtepointe **A**

Courtepointe **C**

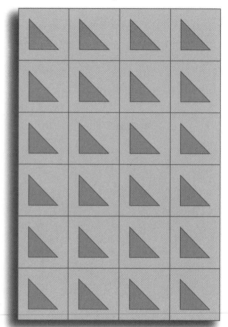

Courtepointe **B**

Courtepointe **D**

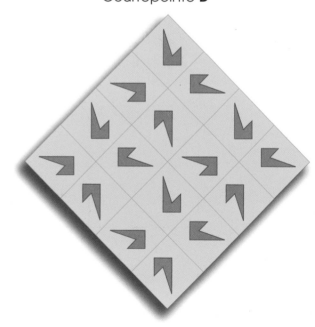

3 Dans chaque cas, reproduis le motif initial sur l'ensemble des autres cases à l'aide de réflexions.

a)

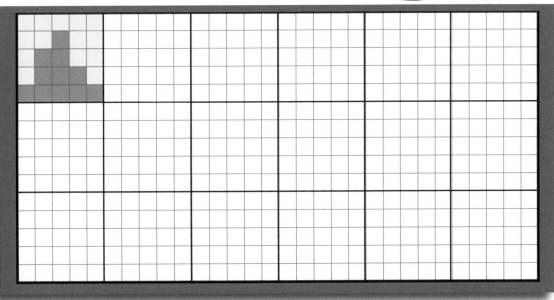

b)

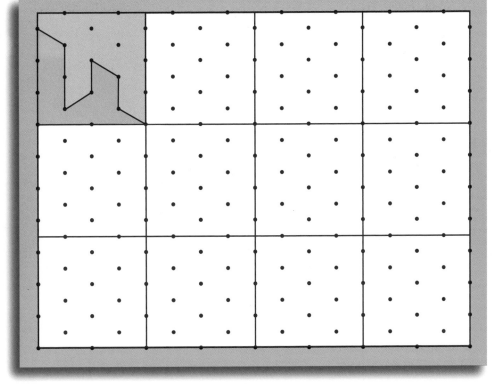

4 En te servant de réflexions, crée un dallage à partir de chacune des frises ci-dessous.

a)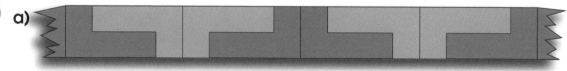

b)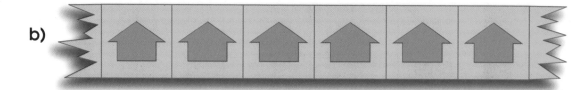

c)

5 En utilisant quatre petits trapèzes , Lucas a réussi à former un trapèze plus grand.

En utilisant ce dernier et en appliquant le même procédé, Lucas a formé un trapèze encore plus grand.

En continuant d'employer le même procédé, Lucas pourrait-il faire un dallage ? Explique ta réponse.

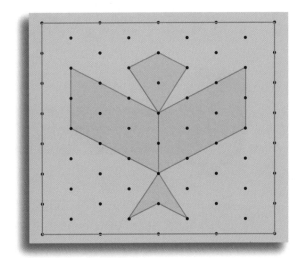

En utilisant des polygones, Léonie a créé le symbole ci-contre sur du papier pointillé.

 Sur une feuille de papier pointillé, à l'aide de réflexions, construis un dallage en utilisant le symbole de Léonie.

 Colorie le dallage que tu as réalisé.

Clic

Les dallages

On fait un dallage lorsqu'on recouvre un plan avec des **polygones**, sans superposer ces derniers et sans laisser de surface libre.

Exemple de dallage :

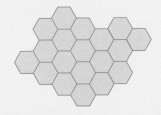

Exemple de dallage produit à l'aide de réflexions :

Dans ma vie

Les terrasses sont souvent recouvertes avec des dallages.

Et toi, qu'aimerais-tu recouvrir en utilisant un dallage ?

Des rénovations

Situation-problème **L'hôtel des Bouleaux**

Pour moderniser l'hôtel des Bouleaux, la propriétaire veut faire construire une terrasse. Voici les suggestions de l'architecte.

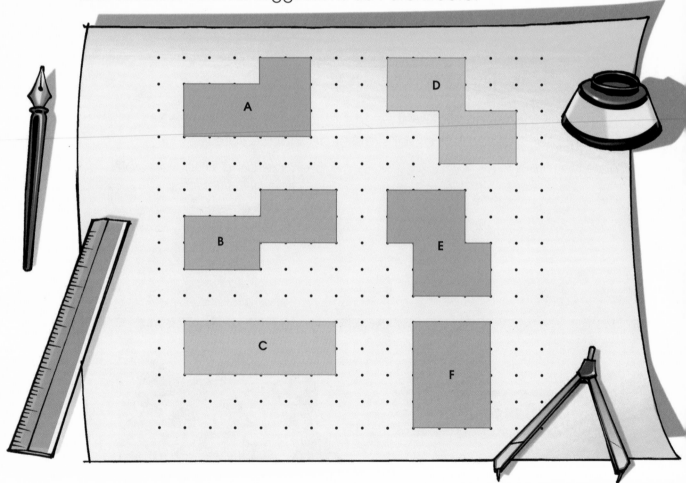

a) Sachant que l'on doit clôturer la terrasse, laquelle de ces propositions exigerait le moins de clôture ?

b) Laquelle de ces propositions offre la plus grande surface ?

Je réinvestis

1 Afin de rénover la chambre de Samuel, ses parents ont décidé

- d'installer un climatiseur ;
- de poser une bande de papier peint en haut des murs ;
- de recouvrir le plancher de carreaux de céramique.

Dans quel cas sera-t-il utile de calculer

a) un périmètre ? **b)** une aire ? **c)** un volume ?

2 Pour décorer sa chambre, Christophe construit un mobile en assemblant de petits cubes. Voici les trois premiers assemblages.

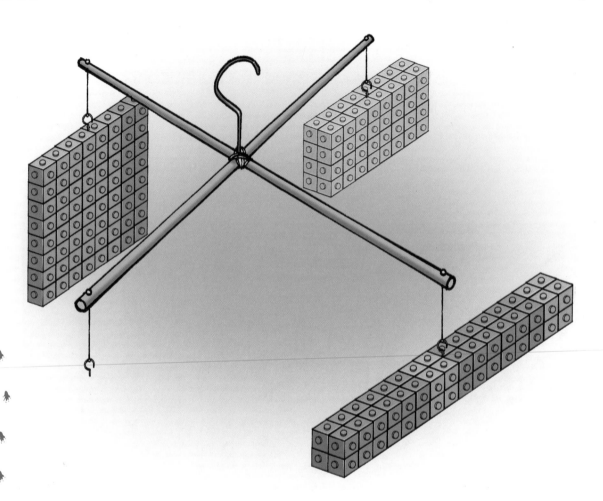

Pour que son mobile reflète la lumière, Christophe décide de recouvrir toutes les faces visibles des petits cubes avec des autocollants d'aluminium semblables à celui-ci

a) Lequel des trois assemblages exigera

   1) le plus petit nombre d'autocollants?

   2) le plus grand nombre d'autocollants?

b) Le quatrième assemblage sera constitué du même nombre de petits cubes que chacun des trois autres. Suggère une manière d'assembler les cubes de façon qu'on utilise le moins d'autocollants possible et que l'assemblage soit aussi en forme de prisme.

3 Mila veut expédier un colis. Elle a fabriqué une boîte avec du carton.

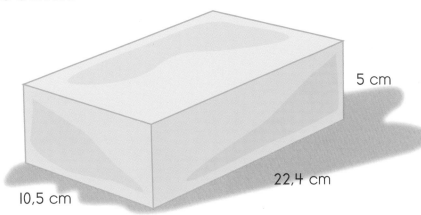

5 cm

22,4 cm

10,5 cm

Pour que la boîte soit plus résistante, Mila décide de renforcer les arêtes avec du papier adhésif.

Si le papier adhésif a une longueur de 160 cm, Mila en aura-t-elle suffisamment pour renforcer chaque arête de la boîte?

4 Sur une feuille de papier quadrillé, représente un nouvel enclos qui nécessite la même longueur de clôture, mais qui offre un plus grand pâturage à la chèvre.

5 Sur une feuille de papier quadrillé, on a tracé un trapèze et colorié la région intérieure.

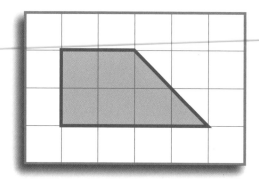

a) Sur une feuille de papier quadrillé, construis

1) une mosaïque de forme carrée en utilisant 6 de ces trapèzes;

2) une mosaïque de forme rectangulaire en utilisant 8 de ces trapèzes;

3) une mosaïque de forme rectangulaire en utilisant 10 de ces trapèzes.

b) Pour chacune des mosaïques que tu as construites en **a),** détermine

1) l'aire;   **2)** le périmètre.

c) Quelle est l'aire du trapèze dont tu t'es servi pour construire les mosaïques?

6 Sur une feuille de papier quadrillé, découpe deux morceaux rectangulaires de 12 carreaux sur 8 carreaux.

 Plie un morceau selon la méthode suivante.

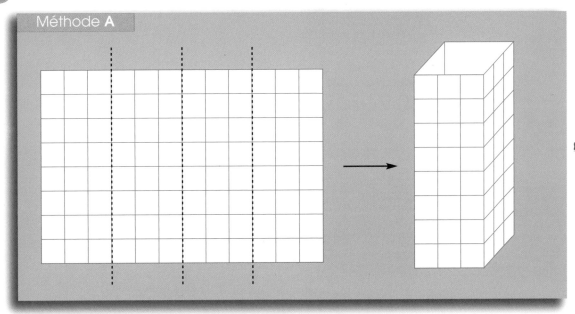

Plie l'autre morceau selon la méthode suivante.

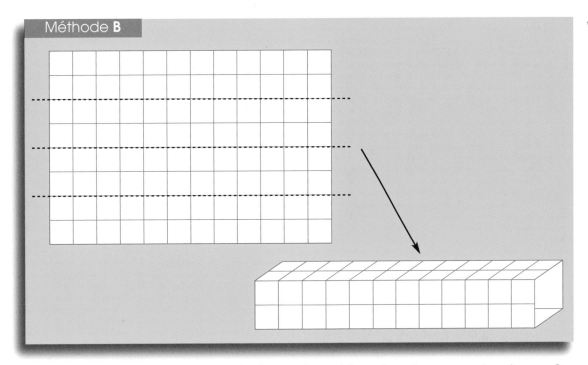

Lequel des deux prismes ainsi représentés a le plus grand volume ?
Laisse les traces de tes calculs.

Situation-problème   **Poissons tropicaux**

L'aquarium de Vincent ne contient actuellement que deux poissons rouges.

Pour son anniversaire, il a reçu d'autres espèces de poissons.

Des poissons-anges à anneaux   Des poissons-clowns

Maintenant, dans l'aquarium, les poissons-anges à anneaux représentent la moitié des poissons et les poissons-clowns, le tiers.

 a) Sur la feuille qu'on te remet, dessine l'aquarium avec les nouveaux poissons.

b) Combien de poissons-anges à anneaux Vincent a-t-il reçus ?

c) Et combien de poissons-clowns ?

I Nicolas a créé deux mosaïques.

Mosaïque **A**

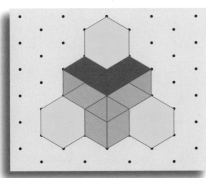

Mosaïque **B**

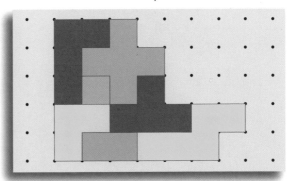

a) Quelle fraction de la mosaïque **A** est coloriée en jaune ?

b) Quelle fraction de la mosaïque **B** est coloriée en rouge ?

c) Sur du papier pointillé triangulé, crée une mosaïque dont $\frac{1}{3}$ est bleu.

d) Sur du papier quadrillé, crée une mosaïque dont $\frac{3}{10}$ sont verts.

2 La liste ci-contre présente le prix de différentes quantités d'essence.

À l'aide de cette liste, trouve le prix des quantités d'essence suivantes.

Quantités d'essence	Prix
3 litres	1,92 $
7 litres	4,48 $
12 litres	7,68 $
18 litres	11,52 $

a) 4 litres. **c)** 15 litres. **e)** 32 litres.

b) 6 litres. **d)** 25 litres. **f)** 27 litres.

3 Observe les deux figures ci-dessous.

Figure **A**   Figure **B**

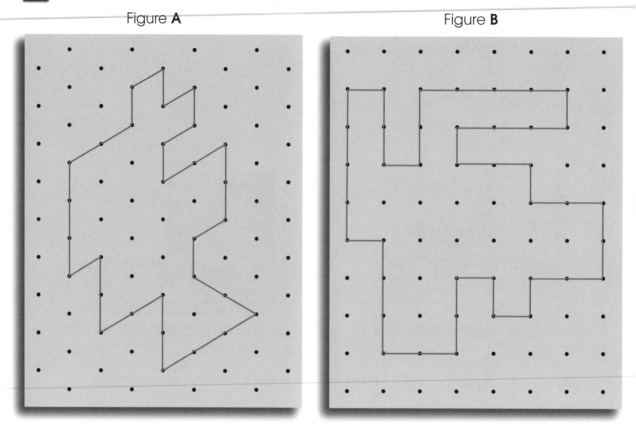

a) En te référant au pointillé, détermine le périmètre de chacune de ces figures.

b) Sur la feuille qu'on te remet, sépare l'intérieur de chacune des figures en deux parties ayant la même aire.

c) Sur cette même feuille, partage la figure représentée ci-contre en quatre parties ayant approximativement la même aire.

4 En s'assoyant sur les épaules de Léon, Ruth pense qu'elle pourra décrocher la décoration suspendue au plafond.

En te servant de certaines des mesures ci-dessous, vérifie si Ruth a raison. Laisse les traces de tes calculs.

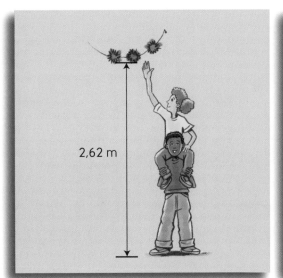

2,62 m

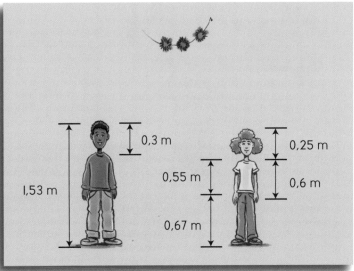

0,3 m

0,25 m

1,53 m

0,55 m

0,6 m

0,67 m

5 Alexandre a colorié un certain nombre de cases en bleu dans les grilles ci-dessous. Dans chaque cas, il s'est donné comme règle de ne pas colorier deux cases qui ont un côté commun.

Grille **A**

Grille **B**

a) Quelle fraction de chacune des grilles est coloriée en bleu ?

b) Dans une grille semblable aux grilles **A** et **B,** combien de cases au maximum Vincent peut-il colorier en bleu tout en respectant la règle d'Alexandre ? Explique ta réponse.

c) À quelle fraction de la grille les cases ainsi coloriées en bleu correspondraient-elles ?

6 Pour amasser des fonds, Louise demande à des gens de gratter une ou plusieurs cases sur la carte ci-dessous. Chaque personne donne une somme d'argent correspondant au nombre qui apparaît ou à la somme des nombres qui apparaissent.

0,19						0,87	
		1,23					
							0,40
	0,92						
0,17							
					1,05	0,38	
							0,37
0,08		0,61					
				0,22			
							1,52

a) Combien d'argent Louise a-t-elle amassé jusqu'à présent?

b) La sœur de Louise a gratté trois des cases ci-dessus. Elle a payé 2,03 $. Quelles peuvent être ces trois cases?

c) Si la carte permet à Louise d'amasser un total de 35 $, combien d'argent lui reste-t-il à amasser?

7 Reine a un bon d'achat de 8 $ pour la cafétéria de l'école. Elle veut choisir au moins un élément dans chacune des catégories du menu.

Boissons		Plats principaux		Accompagnements		Desserts	
Lait	0,67 $	Pâtes	2,43 $	Salade	1,11 $	Fruit	0,78 $
Jus de fruits	1,04 $	Sandwichs	1,91 $	Crudités	1,02 $	Biscuits	0,96 $
Jus de légumes	0,82 $	Quiche	2,14 $	Pain	0,37 $	Gâteau	1,19 $
Eau	0,63 $	Pâté chinois	2,32 $	Soupe	1,15 $	Yogourt	0,87 $

Les taxes sont incluses dans les prix.

a) Donne deux possibilités dont le total est le plus proche possible de 8 $, sans dépasser cette somme.

b) Pour chaque possibilité, indique la somme que Reine ne dépensera pas sur son bon d'achat.

8 Les figures géométriques ci-dessous sont présentées dans un système de repérage.

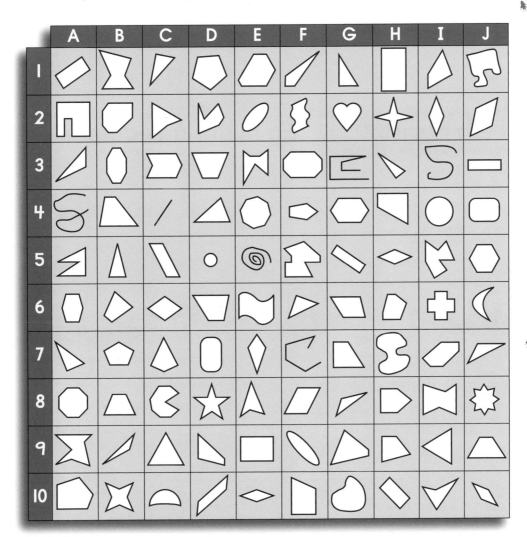

a) Quel type de quadrilatère trouve-t-on à la position **D6** ?

b) Donne la position de trois polygones non convexes.

c) Quelle fraction de l'ensemble des figures les rectangles représentent-ils ?

d) Quelle fraction de l'ensemble des figures les figures qui ne sont pas des polygones représentent-elles ?

e) Trouve un groupe de figures qui représente plus de $\dfrac{3}{10}$ de l'ensemble des figures.

Ça se vaut !

Situation-problème **En allant à l'école**

Le schéma ci-dessous représente le trajet que Sophie effectue pour se rendre à l'école.

Maison de Sophie   Parc   Station-service   Dépanneur   École

Chaque centimètre sur le schéma correspond à une distance de 10 mètres dans la réalité. Sophie met environ deux secondes pour parcourir un mètre.

a) Remplis le tableau qu'on te remet.

	Maison	Parc	Station-service	Dépanneur
Distance de l'école	160 m			
Temps mis pour aller jusqu'à l'école (en secondes)	320 s			
Temps mis pour aller jusqu'à l'école (en minutes et en secondes)	5 min 20 s			

b) Combien de temps Sophie met-elle pour aller à l'école ?

c) Lorsqu'elle passe devant le dépanneur, combien de temps reste-t-il avant que Sophie arrive à l'école ?

d) En combien de temps Sophie parcourt-elle la distance qui sépare la station-service et le dépanneur ?

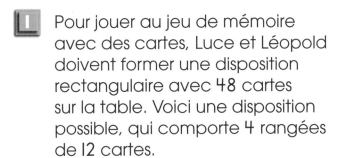

Je réinvestis

1 Pour jouer au jeu de mémoire avec des cartes, Luce et Léopold doivent former une disposition rectangulaire avec 48 cartes sur la table. Voici une disposition possible, qui comporte 4 rangées de 12 cartes.

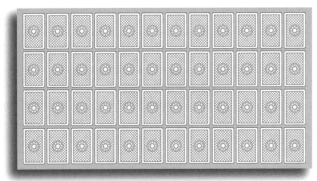

a) En incluant la disposition ci-dessus, combien de dispositions rectangulaires différentes peut-on former avec les cartes?

b) Pour chacune de ces dispositions, indique le nombre de rangées de cartes et le nombre de cartes par rangée.

c) Quelle disposition couvre la plus grande surface? Explique ta réponse.

2 Le petit frère de Raphaël a construit deux tours ayant la forme d'un prisme. Chaque tour compte 36 cubes.

Voici ce que Raphaël a noté pour décrire les tours.

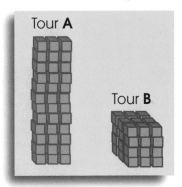

Tour **A**

Tour **B**

Tours	Nombre de cubes par étage	Nombre d'étages
A	3	12
B	9	4

a) En incluant les deux tours ci-dessus, combien de tours différentes peut-on construire avec 36 cubes?

b) Pour chacune des tours, indique le nombre d'étages et le nombre de cubes par étage.

c) Quelle tour occupe le plus grand espace? Explique ta réponse.

3 Avec une balance à plateaux, Guillaume s'amuse à peser certains objets. Les objets identiques ont la même masse.

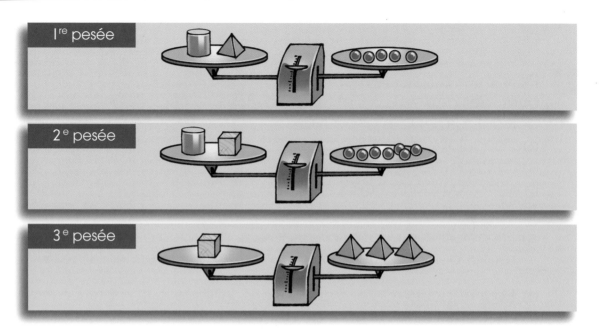

En te fiant à ces trois pesées, détermine combien de billes équivalent à

a) une pyramide ;   **b)** un cube ;   **c)** un cylindre.

4 Durant l'absence de Germain, ses animaux de compagnie jouent avec le pèse-personne.

Quel nombre serait affiché sur le pèse-personne s'il y avait seulement

a) le chien et le chat ?   **b)** l'oiseau ?

5 Tous les solides représentés ci-dessous ont la même masse, à l'exception de l'un d'entre eux.

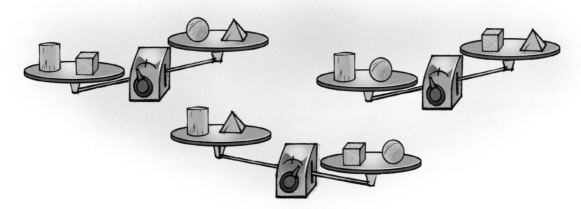

a) Quel solide n'a pas la même masse que les autres ?

b) Ce solide est-il plus léger ou plus lourd que les autres ?

6 À un jeu de société, on doit distribuer également les jetons à toutes les personnes qui jouent. Trois parties ont été jouées : la première avec quatre personnes, la deuxième avec six personnes et la troisième avec sept personnes. Chaque fois, un jeton n'a pu être distribué.

Combien de jetons y a-t-il dans ce jeu ? Explique ta réponse.

7 Avec les nombres ci-dessous, on peut faire des paires de nombres donnant cinq sommes identiques. Un seul nombre ne sera pas utilisé.

Quel est ce nombre ? Essaie de trouver la réponse sans faire de calcul.

2840   3120   2960   2920   3040   2880

3200   3160   3000   3080   3240

8 Crée une chaîne avec les dominos ci-dessous en joignant les sections des dominos dont les expressions sont équivalentes.

$24 + 24 + 24$	**A**	$104 \div 8$

$2 \times 3 \times 3 \times 5$	**B**	$43 + 57$

$\dfrac{1}{2}$	**C**	$170 \div 2$

$0,25$	**D**	8×9

$5,07 + 7,93$	**E**	$1 - 0,5$

4×25	**F**	$\dfrac{25}{100}$

6×8	**G**	$100 - 10$

9

Voici les règles du jeu des conserves. Lorsqu'on lance une balle sur une boîte de conserve, elle tombe, et toutes les boîtes qui sont placées immédiatement au-dessus d'elle tombent également. Le total des points obtenus est égal à la somme des nombres inscrits sur les boîtes qui sont tombées.

a) Sur quelle boîte doit-on lancer la balle pour obtenir 92 points?

b) En gardant la même disposition, comment pourrait-on placer les 10 boîtes afin d'obtenir le maximum de points en frappant une seule boîte? Quel est ce maximum de points?

Situation-problème   **Du rectangle au carré**

Pour couvrir l'une des faces d'une boîte cubique, Léa dispose d'une feuille de carton rectangulaire ayant la même aire que la surface à couvrir. Les dimensions de cette feuille de carton sont de 9 cm sur 16 cm.

a) Sur une feuille de papier quadrillé, trace un rectangle de 9 unités sur 16 unités.

b) Découpe ce rectangle en morceaux et assemble-les afin de former un carré. Essaie d'utiliser le moins de morceaux possible.

c) Combien de morceaux t'a-t-il fallu ? Compare ta solution avec celle de tes camarades.

1 Voici le logo d'une nouvelle station de télévision.

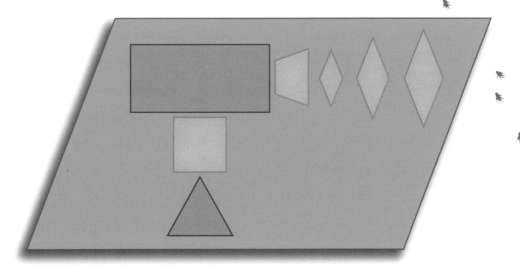

a) Nomme toutes les figures géométriques que l'on trouve
sur ce logo.

b) Forme deux groupes avec ces figures.
Quels attributs as-tu considérés
pour former ces groupes?

c) Pour créer ton propre logo, utilise
quatre quadrilatères qui respectent
les conditions suivantes.

- Le premier quadrilatère doit avoir
une paire de côtés parallèles.

- Le deuxième, deux paires de côtés
parallèles.

- Le troisième, quatre angles droits.

- Le quatrième, quatre côtés
isométriques.

Que pourrait représenter ton logo?

2 Observe les quadrilatères ci-dessous.

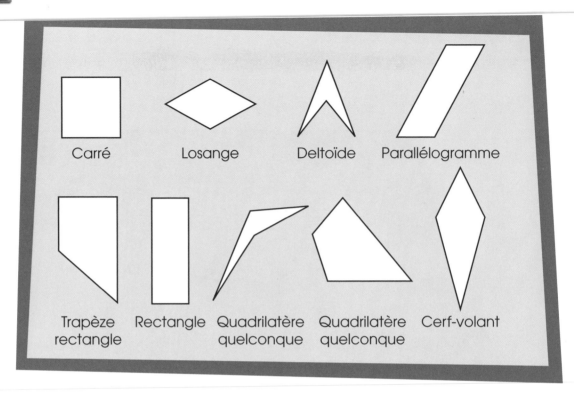

Carré   Losange   Deltoïde   Parallélogramme

Trapèze rectangle   Rectangle   Quadrilatère quelconque   Quadrilatère quelconque   Cerf-volant

On tire au hasard un de ces quadrilatères.
Qu'est-ce qui est le plus probable ?

a) Que le quadrilatère ait au moins
un angle droit ou qu'il ait au moins
un angle aigu ? Explique ta réponse.

b) Que le quadrilatère ait au moins
deux côtés parallèles ou qu'il n'ait
aucun côté parallèle à un autre ?
Explique ta réponse.

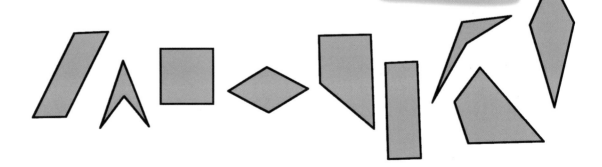

3 À l'aide de toutes les faces de deux pièces d'un jeu de construction, Léon a fait les empreintes suivantes dans le sable.

Pièce **A**   Pièce **B**

a) Laquelle de ces pièces correspond à

1) une pyramide ?   **2)** un prisme ?

b) Quel est le nom de la figure formant la base de chacun des solides ?

c) Combien de sommets chacun des solides a-t-il ?

d) Combien d'arêtes chacun des solides comprend-il ?

4 À l'intérieur de la figure ci-contre, on peut placer quatre hexagones isométriques.

Trace les quatre hexagones isométriques sur cette figure, puis colorie chacun d'eux d'une couleur différente.

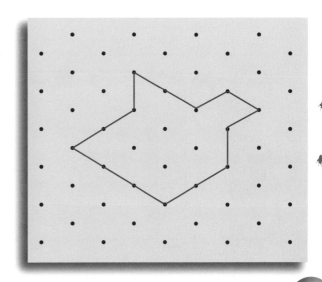

5 Barbara veut construire des boîtes décoratives. Toutes ces boîtes seront de la même hauteur et auront la forme d'un prisme.

Voici la forme des bases qu'elle utilisera. Les mesures sont en centimètres.

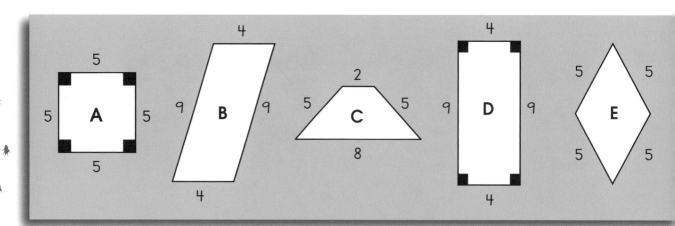

a) Toutes les bases sont-elles des quadrilatères ?
Explique ta réponse.

b) Quel est le nom de chacun des polygones (**A** à **E**) ?

Pour faire les parois de chacune des boîtes, Barbara utilise un rouleau de papier cartonné de 15 cm de largeur. La hauteur de tous les prismes correspondra alors à la largeur du rouleau.

c) Quelle est, en centimètres, la longueur totale minimale du papier cartonné dont elle aura besoin ?

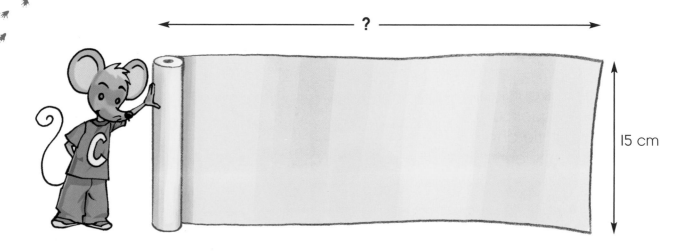

6 Pour aller du point rouge au point vert, on peut seulement effectuer des déplacements parallèles ou perpendiculaires aux murs extérieurs du labyrinthe.

Trace un trajet possible. Utilise le moins de segments possible.

7 Francis a créé la frise ci-dessous pour décorer une pochette de disque.

 Sur une feuille quadrillée, construis cinq frises de la même manière que Francis. Utilise des quadrilatères ayant les attributs suivants.

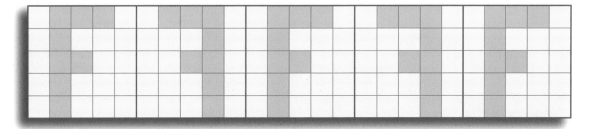

Frises	Attributs du quadrilatère
1	Seulement deux côtés parallèles.
2	Deux angles aigus et deux angles obtus.
3	Seulement deux côtés perpendiculaires.
4	Seulement deux côtés isométriques.
5	Non convexe.

Je fais le point 8

Opérations

$$1,32 - 0,5$$

J'ai appris comment soustraire des nombres décimaux.

Géométrie

Vous êtes ici.

J'ai appris comment me repérer sur un plan.

Géométrie

J'ai appris à faire des dallages en utilisant des réflexions.

Statistique

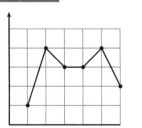

J'ai appris à construire des diagrammes à ligne brisée.

Le savais-tu ?

À la rencontre de Thalès (6e siècle av. J.-C.)

Thalès a inventé un procédé qui permet de partager un segment droit en un certain nombre de parties isométriques en utilisant un autre segment droit déjà partagé.

Voici comment on procède pour partager un segment en un certain nombre de parties isométriques.

- Place les deux segments de telle sorte que deux des extrémités se touchent.

- Avec une équerre, trace une ligne droite reliant les deux autres extrémités des segments.

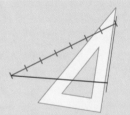

- En partant de chacun des traits qui partagent le segment bleu, trace des lignes parallèles à la première ligne en glissant l'équerre le long d'une règle.

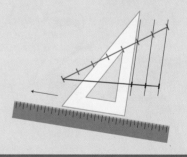

En utilisant cette méthode, partage un segment en 11 parties isométriques à partir du segment ci-dessous.

À la rencontre d'Hypatie (4ᵉ siècle)

Hypatie est la première femme qui a influencé l'histoire des mathématiques, discipline qui était réservée aux hommes. Elle a notamment traduit et réédité *Les éléments* d'Euclide.

À l'époque d'Euclide, on traçait les figures géométriques en utilisant seulement une règle non graduée et un compas. Voici comment on peut tracer deux segments perpendiculaires.

- Écarte les pointes du compas de plus de la moitié du segment.

- Place la pointe sèche du compas sur une extrémité du segment. Puis, trace deux petits traits, le premier au-dessus du segment et le second, en dessous.

- En conservant la même ouverture de compas, place la pointe sèche sur l'autre extrémité du segment, puis trace deux petits traits qui croisent les deux premiers traits.

- À l'aide d'une règle, trace un segment passant par les intersections des traits. Les deux segments sont perpendiculaires.

Trace un segment. À l'aide d'une règle et d'un compas, trace un autre segment qui lui est perpendiculaire.

À la rencontre de Descartes (17ᵉ siècle)

Descartes a mis au point un système de repérage qui établit un lien entre la géométrie et l'algèbre. Dans ce système, chaque point a une adresse composée de deux nombres appelés des coordonnées.

 a) Sur la feuille qu'on te remet, trace les figures géométriques en reliant les points correspondant aux coordonnées suivantes.

Légende		Triangle 1	Triangle 2
H: horizontale — **V: verticale**		**Sommet E** H: 1 V: 1	**Sommet H** H: 12 V: 12
Segment 1	**Segment 2**	**Sommet F** H: 8 V: 8	**Sommet I** H: 19 V: 19
Extrémité **A** H: 4 V: 12	Extrémité **C** H: 3 V: 15		
Extrémité **B** H: 8 V: 16	Extrémité **D** H: 8 V: 12	**Sommet G** H: 7 V: 10	**Sommet J** H: 10 V: 13

Carré	Trapèze	Octogone	
Sommet **K** H: 10 V: 9	Sommet **O** H: 8 V: 10	Sommet **S** H: 8 V: 8	Sommet **W** H: 12 V: 12
Sommet **L** H: 11 V: 9	Sommet **P** H: 9 V: 10	Sommet **T** H: 10 V: 7	Sommet **X** H: 10 V: 13
Sommet **M** H: 11 V: 10	Sommet **Q** H: 10 V: 11	Sommet **U** H: 12 V: 8	Sommet **Y** H: 8 V: 12
Sommet **N** H: 10 V: 10	Sommet **R** H: 10 V: 12	Sommet **V** H: 13 V: 10	Sommet **Z** H: 7 V: 10

b) Selon toi, que représente ce dessin?

Ce que je connais

Les nombres

Un nombre décimal est composé
d'une **partie entière** et d'une **partie fractionnaire**.

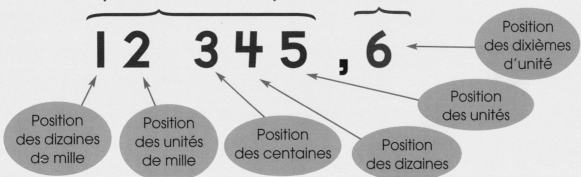

La **virgule** sépare la **partie entière** de la **partie fractionnaire**.

Voici des nombres naturels : 0, 1, 2, 3, 4, 5, 6, 7, 8, 9, 10, 11, 12, …

Quelques attributs des nombres naturels

- On obtient des multiples d'un nombre donné en multipliant ce dernier
  par chacun des nombres naturels.
  Exemple : Voici des multiples de 6 : 0, 6, 12, 18, 24, 30, 36, 42, 48, 54, …

- Un nombre naturel qui divise entièrement un autre nombre naturel
  est appelé un diviseur.
  Exemple : 4 est un diviseur de 12, car il divise entièrement 12.
  La liste des diviseurs de 12 est 1, 2, 3, 4, 6, 12.

- Lorsqu'on peut placer en carré un nombre d'objets,
  le nombre d'objets utilisés est appelé un nombre carré.
  Exemple : 9 est un nombre carré, car on peut disposer
  en carré neuf objets.

- Un nombre naturel qui a exactement deux diviseurs
  est appelé un nombre premier.
  Exemple : 7 est un nombre premier, car il a exactement
  deux diviseurs, soit 1 et 7.

Les opérations

Voici la table de multiplication.

×	1	2	3	4	5	6	7	8	9	10
1	1	2	3	4	5	6	7	8	9	10
2	2	4	6	8	10	12	14	16	18	20
3	3	6	9	12	15	18	21	24	27	30
4	4	8	12	16	20	24	28	32	36	40
5	5	10	15	20	25	30	35	40	45	50
6	6	12	18	24	30	36	42	48	54	60
7	7	14	21	28	35	42	49	56	63	70
8	8	16	24	32	40	48	56	64	72	80
9	9	18	27	36	45	54	63	72	81	90
10	10	20	30	40	50	60	70	80	90	100

La division est l'opération inverse de la multiplication, et vice versa.

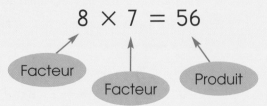

$$8 \times 7 = 56$$

Facteur   Facteur   Produit

$$56 \div 7 = 8$$

Dividende   Diviseur   Quotient

La géométrie

Une frise est une bande continue sur laquelle un motif est répété de façon régulière.

On peut produire des frises en effectuant des réflexions.

Axes de réflexion

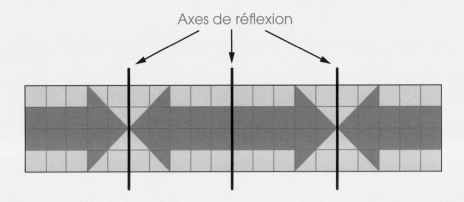